人と会っても疲れないコミュ障のための聴き方・話し方

印南敦史
Innnami
Atsushi

日本実業出版社

はじめに

ずっと「コミュ障」と戦い続けてきた

「コミュニケーションが苦手で、気持ちをうまく伝えられない……」
「緊張しやすくてついオドオドしてしまうものだから、誰かと話すのが怖い……」
「こんなにコミュニケーションが下手なのは、自分に能力がないからだ……」
「人と話すのが苦痛すぎて、精神をやられてしまいそう……」
「人格まで否定されても、これが一生懸命な状態なのだからどうしようもない……」

自分のコミュニケーション能力について悩んでいる人は少なくないのではないかと思います。

しかも、そういう悩みは軽い気持ちで相談できるようなものではありません。必然的に、解消できないままの悩みや問題を抱え込んでしまうことになるわけです。

しかし実際には、自分のコミュニケーション能力に絶大な自信を持っている人のほうが少ないはず。現実的には大多数の人が、コミュニケーションで日常的に頭を悩ませているといっても過言ではありません。

つまり、自分だけ能力が低いとか、あるいは自分だけ劣っているというようなことではないのです。

そう思いたくなる気持ちも十分に理解できますが、それは単に、社会に流れる空気がそう感じさせるだけのこと。

まず最初に、そのことは記憶にとどめておいてください。

テクノロジーの進化に伴って時代のスピードが加速化するなか、コミュニケーション能力は、これまで以上に求められるようになってきています。

たとえば、Aという問題が起こった場合、「具体的にどんなことが起きたのか」を即座に認識し、必要な人にわかりやすく伝え、周囲と歩調を合わせながら一刻も早くそれを解決する必要性が生じます。

そのためには聴いたり伝えたりする力が不可欠で、そうした能力がなければお話にならないこともあります。

しかも厄介なことに、そのような問題は日常的にいくらでも起こるものでもあります。

そのため、あたかも「コミュニケーション能力のある人」と「コミュニケーション能力のない人」の差が大きく開いているように見えてしまうわけです。

その結果、後者に属する人はコミュ障として扱われたりもします。

それどころか本人が、**「自分はコミュ障だから……」**と自らを卑下してしまったりすることもあるでしょう。

でも、それはあくまでイメージにすぎません。

人はそれぞれ生き方も考え方もすべてが異なります。つまり、それが個性です。**コミュニケーション能力の差だって個性なのです。**

だとすれば、コミュニケーション能力の低さを否定されたとしたら、それは個性を否定されるのと同じこと。そんなばかげた話はありませんよね。

そして、それがばかげた話なのだとしたら、一刻も早くその状態から抜け出す必要があります。義務的な意味ではなく、そのほうが圧倒的に「楽」だからです。

では、抜け出すためにはどうしたらいいのでしょうか？

残念ながらすぐに効く特効薬があるわけではありません。

しかし、手段は確実にあって、それこそがコミュ障脱却を目的として書かれた本書のテーマでもあります。


そのテーマとは、「受け入れる」こと。**「コミュ障がダメだ」と思ってしまうからつらいのであって、いまコミュ障である自分を否定せずに受け入れてしまえばいい**ということです。そしてそこから、〝できそうなこと〟をひとつひとつ実行していく。そういうことを繰り返していくうちに、コミュ障を脱却できるはずなのです。


そのことについては、ある程度の自信を持って記すことができます。なぜなら、僕自身が同じようなプロセスをたどってきた人間だからです。

僕は子どものころからずっと、コミュ障である自分と戦い続けてきました。

詳しいことは本論に書きますが、自信を喪失させられるような出来事がいくつかあり、それらを通り過ぎるたびに、コミュニケーション能力もまた失われていったものだったのです。

といっても「外に出られない」というタイプではなく、コミュ障体質を攻撃性に転化させてしまうような面倒くさい人間だったのですが。いずれにしても、何十年もの歳月をかけて、コミュ障である自分を「なんとかしてきた」ということです。

そんな半生は、さまざまな意味で現在の仕事にも影響を与えています。

ずっと文章を書く仕事を続けてきましたが、誰にも会わずに書いていればいいというものではありません。実際に人と会って取材をすることも必要です。

そして過去はともかく、**現在の僕は、人と会って話を聴く、もしくは話をすることがとても好きです**。それは、本書に書いたことを実践してきたからにほかなりません。

とはいえ、現在がパーフェクトな状態だと思っているわけでもありません。

そんな状態のまま生きていくのは悔しいので、これからも自分なりの方法で「ダメな自分」を受け入れ、「そこからどう進めるか」を考えながら生きていきたいと考えているのです。

そういう意味では読者のみなさんと近い位置にいると考えていますし、**上から目線で持論を偉そうに押しつける気もさらさらありません。**

いってみれば、本書の内容を共有し、ともにそれぞれのコミュ障状態を脱却することを考えていきたいのです。

決して小難しいことを書いているわけではなく、すべて自分の経験から導き出したものばかり。

ですから気楽に読んでいただければと思います。

そして、ご自身にも応用できるなにかを感じ取っていただければ、これほどうれしいことはありません。

もくじ　人と会っても疲れない　コミュ障のための聴き方・話し方

第1章
コミュ障でなにが悪い？

「陰キャ」「コンプレックス満載」で上等

第2章

地雷を踏まない聴き方のルール

アナザー・アングル・メソッドの考え方

第3章

「自称コミュ障」が身につけたい伝え方

伝え方の常識「3ステップ」は無視しよう

第4章

シチュエーション別アドバイス

混乱したら「ジャーナリング」を活用してみよう

第5章

心に刺さったピンの外し方

わりと派手で闇の深い半生

カバーデザイン 小口翔平＋上坊菜々子＋岩永香穂（tobufune）
イラスト 後藤グミ
ＤＴＰ 一企画

第1章

コミュ障でなにが悪い？

「陰キャ」「コンプレックス満載」で上等

多かれ少なかれ
みんなコミュ障

―「コミュ障だから」という先手は
一時的な慰めにすぎない

「コミュ障」という言葉は、もうすっかりおなじみですよね。

厳密にいうと、これは「コミュニケーション障害」の略称。対人関係において適切なコミュニケーションをとれなくなる障害のことで、本来は精神医学の領域の専門用語です。

しかし、日常生活においては、いつしかそれが「コミュニケーションが苦手な人」

を称するようになったわけです。

特定の誰かについて、**「彼はコミュ障だからね、仕方がないよね」**みたいな感じで話題にすることもあるでしょう。

あるいは、別に聞かれてもいないのに自分から、**「私、コミュ障だから」**と口にする人もいるはずです。

自ら「コミュ障宣言」するなんて、よくよく考えるとおかしな話なのですが、しかしその気持ちはわからないでもありません。

なぜって、「コミュ障だから」と先手を打っておけば、それが**「だから、うまく話せなかったとしても勘弁してね」**という免罪符になってくれるからです。

つまり「自称コミュ障」本人は、そう宣言することで「なんとなく安心できちゃう」わけです。

ちょっと微妙な気もしますけれど、もしも円滑なコミュニケーションに多少なりとも役立つのであれば、それはそれでいいのかもしれません。

ただし、気をつけておくべきは、これが落とし穴でもあるということです。
言い換えれば、**「コミュ障だから」と相手に伝えることは、自分にとっての一時的な慰め以外のなにものでもない**ということです。

仮に誰かから、「私、コミュ障なんです」と告げられたとイメージしてみてください。

いきなり（場合によってはそれほど親しくもない人から）、そんなことをいわれるのです。だとしたらこちらとしては、**「……あ、ああ、そうなんですか……」**としか答えられませんよね。正直にいってしまえば、「だからなんなんだよ？」という話です。

つまり他人からすれば、目の前の相手がコミュ障だろうがなんだろうが、そんなことはどうでもいいわけです。

大切なのは、そのコミュニケーションからなにかを得られるか否か、ただそれだけなのですから。極論をいえば、相手が話し下手だったとしても、そこに結果がついてくればなんの問題もないのです。だとすれば、コミュ障で悩む必要もありません。

にもかかわらずコミュ障アピールを続けたら、やがて「ちょっと面倒くさい人だな」というような、おかしな違和感を持たれてしまっても不思議ではないでしょう。

それに、多かれ少なかれ、誰にでも多少はコミュ障的な側面があって当然です。いってみればコミュ障であるかどうかは、誰もが感じる「よくある話」でしかないのです。

もちろん、コミュニケーションしようというのであれば、円滑に話せるに越したことはありません。円滑に話せて、その内容が明確に伝われば、話す側も聞く側も気持ちのいいものですからね。

しかし、だからといって、大多数の人が自分のコミュニケーション法＝話し方に満足できているといえるでしょうか？　そんなことはないはずです。

事実、僕も自分には能力がないと思っています。文章を書いたり、ラジオで話したりする仕事をしていますが、だからといってうまく話す自信はまったくないのです。

その証拠に、弁の立つ人と話すたびに例外なく「僕の話し方には説得力がないな」「勢いで負けてしまうな」などと感じてしまいます。

でも、それが普通なのです。

だいいち現実的には、自信を持って「コミュニケーションには自信があります！」

と断言できる人のほうが圧倒的に少ないのではないでしょうか。

「自信がある」という人に限って、めちゃめちゃ話し下手だということだってあります。そんなものなのです。

みんなコミュニケーションに対して、いくらかの自信のなさ＝コンプレックスを持っているもの。だから話し方教室の経営が成り立つわけですし、話し方に関する本も多いわけです（ある意味で本書もそこに含まれますが、一般的な「話し方本」にはない視点を軸にしていますので、そこに注目しながらお読みください）。

つまり、**「自分はコミュ障だ」「コミュ障かもしれない」と感じることそれ自体は、いたって普通のこと**なのです。

そしてここが非常に大切なのですが、自分のことをコミュ障だと感じている人は、まずそんな自分を認めるべきです。現状の自分をなんとかしたいと思うのであれば、そこがスタートラインになるからです。このことを、しっかりと頭にとどめておいてください。

ですからコミュ障であることに負い目を感じている人は、まず次のことを肝に銘じてください。

- コミュ障であることを自覚する
- ただし、コミュ障を言い訳にしない
- コミュ障な自分には足りない部分があることを自覚する
- むしろ「コミュ障ですから」と開きなおるくらいの勢いを持つ

これらがなぜ必要なのか？　その理由については、追って解説していくことにしましょう。

コミュ障の初期症状はふんわりとした不安感

気持ちがわかるからこそ その場所から早く抜け出してほしい

僕はここで、「コミュ障なんです」と口にしたがる人を茶化したいわけでも、ディスりたいわけでもありません。それどころか、自分にも似たような逃げ道を求めていた過去があるからこそ、気持ちは痛いほどわかります。

しかし、だからこそ、そこにい続けるのではなく、抜け出すことを考えてみてほしいのです。少しでも早く抜け出していただくためにも、ここではまず、**コミュ障でい**

続けることの弊害について触れておきたいと思います。

これはあくまで経験的な感覚ですが、コミュ障の初期症状は**「ふんわりとした不安感」**なのではないかと思います。

1　「コミュニケーションがうまくとれない」
　　↓
2　「このままじゃいけない。なんとかしなくちゃ」
　　↓
3　「でも、どうしたらいい？」

1から3まで行ったら、無意識のうちに1へと戻ってしまう。だから、ぐるぐると同じ苦悩を繰り返す……。心のなかが、そんなスパイラル状態にあるということです。

当然ながら心地よいはずもありませんが、でも、ふんわりとした状態だからこそ、まだこの段階は楽だともいえます。問題は、もっと症状が悪化したときのこと。

コミュ障が悪化すると、「当たり前のことができない自分は、ダメな人間だ」みたいな感じで、無意識のうちに自分をどんどん追い込んでいくことになってしまいます。
先に触れたとおり、**「コミュ障で当たり前」**なので、これは大きな勘違い。ですが、気持ちは必然的にネガティブな方向へ進んでしまいます。そんなことを続けていたら、どんどんドツボにハマるだけ。その結果、コミュ障がより悪化するという悪循環に陥ってしまうことだってあるでしょう。

相手に自分の気持ちを伝えなければならないときにも、めんどうなことになるかもしれません。過度な自信喪失状態に陥ってしまうと、焦りだけが加速し、結果的には「きちんと伝える」という本来の目的から遠ざかってしまうことになるからです。

「きちんと○○しなきゃ！」という呪縛から脱出しよう

問題は、そうなりやすい人ほど、「伝わらない」ことに恐怖心を抱いてしまいがちだということ。「誤解されたくない！　きちんと伝えなきゃ！」と、必要以上に焦って、どんどん落ち着きが失われ、その結果早口になり、空回りを繰り返してしまう……。

しかも皮肉なことに、緊張状態が高まっていくほど、相手の気持ちは冷めていき、「聞こう」という気持ちも下がっていくものです。

これをドツボと呼ばずして、なんと呼べばいいのでしょうか?

相手の話を聞く場合でも同じです。コミュ障の人はなにかと「ひとことも漏らさず、きちんと聞かなきゃ! 理解しなきゃ!」というように気負いすぎてしまうため、逆に「聞けない状態」へと自分を追い込んでいってしまうのです。

現実的には、**聞き漏らしなんて誰にでもあるもの。**あって当然。なのに、自信がないので、柔軟に考えられなくなってしまいます。

聞き手としての自信が持てないと、誤解されることを過度に恐れることにもなります。つまり、「聞く意思がないと思われたくない」と大げさに考えてしまいがちだということ。

具体的には、「聞いているという誠意を見せよう」という思いを強くするあまり、意気込みすぎ、無理に笑顔をつくってみたり、「へえーっ、そうなんですかぁッ」と大げさに反応してみたり、過剰なほどの**「聞いてますアピール」**をしたりするわけです。

でも、「聞いてますアピール」と「聞いているという事実」はまったく別もの。なのに、いろいろな感情がこんがらがって、これまたドツボにはまってしまう。

でも、これも大きな勘違いです。よっぽど悪意を持たれているのであれば話は別かもしれませんが、**多くの場合は、自分が思っているほど相手はこちらを悪く思ってはいないものだからです。**もっといってしまえば、それほどこちらに興味を持っていないものでもあります。

もっと気持ちを楽に持てば、コミュニケーションはもう少し簡単になるはずなのに……。と、人ごとのように書いてみましたが、僕だって偉そうなことはいえません。**「滑舌は悪いけど、基本的に人前で話すことが苦手ではなく、むしろ話し好きの部類に入るキャラ」**と自覚できるようになったのは、ごくごく最近の話です。

「コミュ障だから仕方がない」はただの言い訳

恐怖心をなくしたら周りに人が集まってきた！

僕もかつては、自分のコミュニケーション能力について自信を持つことができませんでした。そういう意味では、**典型的コミュ障**だったといえます。

いまでもそうした部分は残像のように残っていると思いますが、それが悪影響を及ぼすことはかなり減ってきた気がします。なぜなら、自分にできないことを、「できないのだ」と受け入れることができているからです。

そして、いまだからこそ断言できることがあります。**コミュニケーションに対する恐怖心がなくなって気持ちが楽になると、自分の周囲に人が集まってくるようになる**ということです。

これから書こうとしていることは、僕自身の個人的な人生訓です。それは失敗だらけの半生のなかで身につけたものであり、読者のみなさんに同じように考えることを強制しようという気もありません。

ただ実際問題として、「こう考えたほうがいろんなことが回りやすくなり、心も落ち着いてくる」と経験的に言い切ることができるのです。つまりこういうことです。

「できない」とは、「できる可能性がある」ということ。

「コミュ障である」ということは、「コミュ障から抜け出せる可能性」を持っているということなのです。だから、コミュ障で当たり前。悩んで当たり前。それでいい。

逆にいえば、「コミュ障だから仕方がない」はただの言い訳です。「コミュ障から抜け出せる可能性」を自ら放棄していることにほかなりません。

人間である以上は、「話すのが下手だなー」とか「聞く能力が足りないかなー」などと思い悩むことは、むしろあって当然。程度の差こそあれ、誰でもそういうことで悩むものなのです。だからこそ、少しでもいい状態になりたいと思って努力を重ねる。

いや、ここで努力という言葉を使うのは間違っているかもしれません。

『広辞苑』は「努力」について「目標実現のため、心身を労してつとめること。ほねをおること」と記していますが、いい状態を目指すとき、心身を労する必要も、ほねをおる必要もないのですから。

つまり、修行のように眉間にしわを寄せて取り組むのではなく、**コミュ障を抜け出すまでのプロセスを、自分のことを観察しながら楽しんでしまえばいい**のです。

ならば、あとは簡単な話だとは思いませんか？

これから少しずつ、階段を一段一段登るようなペースで、コミュ障を脱却していけばいいだけ。それは、誰にでもできることです。視点を変えれば、意識はおのずと変化していくものなのですから。

おそらくは「ここまで到達できたから、もうコミュニケーション能力は完璧！　なにも怖いものはない！」なんて思えることは一生ないはずです。

かつて、自分のやっていることについて「俺はもうコミュニケーション力を極めた存在だから」と公言している人に会ったことがあり、その自信の大きさにびっくりしたものですが、経験的にそういうタイプの人は勘違いしているだけです。そもそもコミュニケーションの方法に正解のようなものがあるはずがないのですから。

でも、「コミュ障で当たり前」だということに気づかず、自分にとっての理想に近づけないという状態のなかでもがいていると、やがて「やっぱり全然ダメだ……」と自分を追い込んでしまいます。これほど無駄なことはありませんよね。

そのような認識を前提として考えていくと、やがてひとつの真理にたどり着くことになります。

コミュ障で当たり前なのだとしたら、**「自分はコミュ障なんだから、人とうまく話せなくても仕方がない」という考え方は、ただの言い訳にすぎない**。その言い訳を用いることで、なにかよい効果が生まれるわけではないのです。

コミュ障で当たり前
まずは自分を受け入れよう!
私、コミュ障だから…
ただし、口に出すのは言い訳です!

「プライド」はむしろ恥ずかしいもの

プライドが高い状態にプラス要素はまったくない

さて、ここで一度、「プロローグ」に話を戻しましょう。十代後半から二十代前半のころの僕が、とてつもなくコミュニケーション下手だったという、いわゆる**黒歴史**についてです。

「そんなの若さゆえのありがちな失敗談でしかないよ」

そういわれれば、たしかにそのとおり。人間的に未熟すぎ、それがコミュ障的な性質に結びついていたというだけの話です。そもそも過去の恥など蒸し返したくないに決まっています。

でもそんな失敗も、**「コイツみたいになっちゃダメだな」**ってな感じで、つまりは反面教師的に活用していただけるような気もするのです。

あのころの僕が常にカリカリしていた理由は、いたってシンプルです。なにしろ自分に自信がないものですから、人と会うたびに「誤解されたくない！　伝えなくちゃ！」と必要以上に神経質になってしまい、焦りまくり、壁を建てまくり、つまりはひとりで大騒ぎしているようなものだったのです。

基本的にはひとりで勝手に悶々としているわけですから、**「お前、ちょっと無駄にトバしすぎだわ」**みたいな感じで指摘してくれるような人はいません。

ですから必然的に、そんな出口のない状態はどんどん加速していくことになります。そして加速すればするほど、精神状態も状況もさらに悪化していきます。

早い話、毎日が空回りの連続だったといっても過言ではなく、ですから端的にいえば、あのころの僕は非常に面倒くさいヤツだったわけです。

当時の僕は、**「ナメられてたまるか」**みたいな感じで、懸命に周囲に抵抗していたように思います。なんのことはない。ズタズタだった精神状態を指摘されまいとして、無意味に牙をむいていたのです、そして、そんな僕を支えていたのが「プライド」でした。

たとえば、「俺は絶対に間違っていない」というようにプライドだけが無駄に高く、周囲を寄せつけないような雰囲気を自ら放っていたのです。

いまでは、「あんなピリピリとした精神状態で毎日を過ごしていたなんて、そりゃ疲れるわなぁ」と人ごとのように思わずにはいられませんが、ここで「プライド」についてはっきりさせておくべきことがあります。

プライドの高さというものは、往々にして肯定的に語られすぎだということ。

誰かのことを「あの人はプライドが高いから」と口にするとき、そう話す人の心のなかには「だからわかり合えない」「わかってもらえない」というような、諦めにも似た気持ちがあるはずです。プライドという壁が、相手を阻害してしまっているのですから当然です。

しかし、そうでありながら「プライドが高い」ことを非難する人はあまりいないように思うのです。でも、実際はそうではないのです。

なぜなら相手との関係性を前提とする場合、「プライドが高い」状態にプラス要素はまったくないといっても過言ではないからです。

これは大切なことなのですが、**「プライドが高い＝頭がいい、人よりも突出している」という意味ではありません。**なぜならそれは「弱さ」でしかないからです。

つまりは自信のなさの裏返し。弱い自分に気づいてはいるものの、それを認めてしまうのは恥ずかしいから、プライドという名の隠れ蓑で自らを覆ってしまっているだけのこと。しかも多くの場合、隠せていると信じているのは自分だけで、周囲は気づいている場合のほうが圧倒的に多いはずです。

そう、自信がないからこそ必要以上に身構え、プライドによって身を隠してしまうということです。全員がそうとはいいませんが、コミュ障の多くにはそういった側面があるのではないでしょうか？

「陽キャ」「陰キャ」の決めつけはナンセンス

ときに「陰気」なのも当たり前

僕はかつて、自殺志願者を救ったことがあります。

なーんて書くといかにも偉そうですが、なんのことはありません。**感じたことを純粋に伝えたら、結果的にその友人は立ちなおることができた**というだけのこと。つまり、すべては偶然。

あるとき、飲みの席で、その友人にいきなりこうカミングアウトされたのです。

「印南さん、僕、伝えなきゃならないことがあるんです」

「はい、なんでしょう？（な、な、なんだよ？）」

「僕この前、旅に行ってたじゃないですか」

「そうだね、毎日電話してきたね」

「実はあのとき、死ぬつもりだったんです」

「え」

「死にに行ったんです。でも、死ねなくて」

「え、なんで？」

「僕、重度のうつ病なんですよ。医者にいわれて、なんだかもう……」

「ふーん」

「……」

「そうだったのか」

「そうなんです」

「**で？**」

「え？」

「**いや、だからどうしたのかなと思って**」

「いや、どうもしないんですけど、伝えておきたいと思って」

「ふーん。……でもね、俺、思うんだ」

「はい」

「めちゃくちゃ無責任な表現かもしれないし、間違ってるかもしれない。でも誤解を恐れずにいうなら、うつな部分って誰にでも少なからずあるものなんじゃないかと思うんだよね。単に多いか少ないか、程度の問題でしかないというか。事実、俺もそういう部分はあるしね。だからそう考えると、**うつであることを深刻に考えなくてもいい気もするんだよ**」


もちろんここに医学的な根拠はまったくなく、あくまで僕個人の意見です。酒の席での会話です。でも、純粋にそう感じたのです。いま思えば、かなり乱暴な表現だったかもしれませんけれど。

ともあれ驚かされたのは、そのあとの展開でした。彼はぱっと明るい表情になり、「そういってもらえると救われる思いです」と、僕からすれば意外すぎるリアクションをしたのです。そして結果的に彼はしばらくすると、そのことがきっかけでうつを克服してしまったのです。

なにが書きたかったのかといえば、「物事って、多かれ少なかれ、その程度のものだったりするかもしれないよ」ということ。

当然のことながら、精神科医からすれば、うつに対するこうした考え方は非常識以外のなにものでもないでしょう。

しかし、うつに限らず、**「〇か×か」「△か×か」という差なんて、ごくごく小さなものなのではないか**という思いもあるのです。そして、そう考えれば、いろいろなことが楽になるのではないだろうかとも。

いささか前置きが長くなりましたし、ちょっとばかりこじつけっぽくもなりましたが、こういうことを書いたのには理由があります。

ネットを中心に使われることの多い「陽キャ」「陰キャ」というカテゴリーにも、同じことがいえるのではないかと思えてならないのです。

おわかりかと思いますが、「陰キャ」とは「陰気なキャラ」のこと。そして「陽キャ」は、「陽気なキャラ」です。「あいつは陰キャだからなー」というようなフレーズは、誰しも耳にしたことがあるはずです。

しかし、ここには問題があります。「陰キャ」か「陽キャ」かなんて、きわめて表層的な捉え方でしかないということ。

さっき引き合いに出した「うつ」の話がそうであるように、本来は誰でも「陰キャ」の部分と「陽キャ」の部分とを持ち合わせているものなのです。それで当然なのです。**もしも100%「陽キャ」な要素しか持っていない人がいるとしたら、その人のほうがよっぽどヤバい**といっても過言ではありません。

ときに陽気で当たり前、ときに陰気で当たり前、それが人間。なにか困った問題に直面すれば気持ちが落ち込むけれど、その10分後にいいことがあったりすれば、おのずと表情は穏やかになり、暖かい気持ちになったりしますよね。それが普通だということです。

コミュ障だろうが隠キャだろうが、そんなことどうだっていいじゃないですか。

コンプレックスは可能性と比例する

自分について回る影と共存しよう

ここで改めて、ひとつの問題提起をしたいと思います。それは、**「コンプレックス（劣等感）を持つって、そんなに悪いことなのかな？」**ということ。

たしかにコンプレックスがあれば、いろいろ面倒なことが起こります。「あったほうがいいのか、ないほうがいいのか」という単純な二者択一をするのであれば、もちろんないに越したことはないでしょう。ストレスとしてのコンプレックスがないのであれば、気持ちをフラットな状態に保てる可能性が生まれるかもしれないのですから。

ただ、そんなことを書いておいて無責任ではありますが、「コンプレックスが消えて、すべてがスッキリおさまった」などということは残念ながら皆無に等しいでしょう。

では、どうしたらいいのでしょうか？　この問いに対する答えは、**「コンプレックスと共存する」**、これに尽きると僕は思います。

理由は簡単です。コンプレックスが「あって当然」のものなのだとしたら、それをなくそうとすればするほど無理が生じることになります。「あって当然」なのですから、「そこにあること」を認めてしまえばいいのです。

コンプレックスは**自分について回る影のようなもの**と考えれば、納得しやすいかもしれません。光を遮断されない限り影はなくなりませんが、光を完全に遮断されてしまったとしたら、そこから先は真っ暗闇です。

同じことで、もしもコンプレックスが消え去ったとしたら、そこからどう進んでいいかわからなくなるかもしれないのです。でもコンプレックスがある以上、そこには乗り越えるべきハードルがあるということになります。ハードルを越えるのは面倒ですが、**ハードルがあることが大切**なのです。適度なコンプレックスであれば、そこにはプラスに作用する可能性が生まれます。早い話が使いようです。

そもそも「僕にはコンプレックスがない」、あるいは「僕はコンプレックスを克服した」などと公言できる人がいたとしたら、かなりの高確率でその人は鈍感です。

コンプレックスは可能性と比例する

子どものころ、嫌がる相手に対してわざとちょっかいを出すようなタイプの子がいませんでしたか？　相手が反応するから、それをおもしろがってまたちょっかいを出すわけです。コンプレックスってやつも、そういう子と性格的に似ている部分があります。

ちょっかいを出したがる子にはひとつの特徴があります。ちょっかいを出して嫌がられたりすると、それがおもしろいからまたちょっかいを出すわけです。

早い話が、相手にしてほしいのです。ガキなのです。だから、ちょっかいを出された側が相手にしないと、途端に攻撃の手をゆるめます。相手にしてもらえず、つまらなくなってしまうからです。

コンプレックスにも、同じような特徴があるのです。「自分はダメだー」と落ち込むと、それをあざ笑うかのようにどんどん調子に乗ってくる。だから、受け手であるこちらは、さらに追い詰められてしまうということ。

だとしたら、**相手にしなければいい。**

まず、コンプレックスが「すぐそこにいる」ことを認める。そして認めたうえで、その存在を意識しすぎない。

それどころか、そこにいることをわかっていつつも、なかったもののように扱う。そうすれば気になりませんから、空気のように共存することができるわけです。

そこまでの段階に進めば、それ以後、コンプレックスはプラス要素へと変化していくでしょう。過度に反応して受け止めず、「いつもそこにいるだけの存在」として受け止めることができれば、コンプレックスは味方になってくれるということです。

コンプレックスになりうる否定的な要素を認めることができたなら、その瞬間に「そこを脱却できる」という未来的な可能性が生まれるわけです。

できない　＝　できるようになる可能性がある。

非常にシンプルなことですが、しかしこれは、実際のところ気づきにくいことでもあるのではないでしょうか？

でも、もし「そんな考え方をしたことがなかった」というのであれば、いますぐ気持ちを変えてみてください。

信じてみる。なんなら、ときには騙されてみる

「騙されて当然」という思考が生み出す余裕

コミュ障の人がコミュ障から抜けきれない理由のひとつに、**「人を信じることができない」**ということがあるのではないでしょうか。

そもそも自分に自信がないからこそ、コミュ障になってしまうのです。だとしたら、人を信じられなくてもまったく不思議はありません。

それにコミュ障としてネガティブな感情に縛られていたとしたら、人を信じるとい

うことは少なからずリスクに直結することになります。信じたら、逆に騙されてしまうかもしれない。裏切られるかもしれない。そんなふうに考えてしまうわけです。

つまり、裏切られることを恐れているからこそ、信じることができないのです。

しかし、だからこそ視点を変えてみることがとても大切だと思います。**「騙されるかもしれない」「裏切られるかもしれない」という謎の恐怖感から解放されれば、気持ちはすぐに楽になる**のです。

大切なのは、逆転の発想です。

まずすべきは、「裏切られて当然だ」「騙されて当然だ」と考えてみること。裏切られたくないとか、騙されたくないと思うから恐怖心が芽生えるのです。だとしたら最初から、「人は裏切るものだし、騙すものだ」と考えてみればいい。

それも**ネガティブに悲観的に考えるのではなく、「そういうものでしょ！」ってな感じでゆる〜く受け止めればいい**のです。

はなから期待していなければ、自分をゼロの状態に置くことができます。

そうすれば「騙されたくない！」と恐れる必要もなくなりますし、相手から誠実な反応が返ってきたら、**期待していなかったぶん「得した」気分になれる**のではないでしょうか？

だから、まずは騙されることを恐れないようにしてみましょう。

場合によっては、騙されるかもしれないとわかっていても、あえて信じてみることも大切です。

「そんなの自分が損するだけじゃないか」と思われるかもしれませんが、そうではないのです。

もちろんシチュエーションにもよります。お金が絡んでいる場合など、信じた結果として騙されることで、直接的な被害を被る場合もあります。ですから、もちろんそういうケースは避けるべきでしょう。

でも、そこまでリスクが大きくないのであれば、あえて信じてみて、場合によっては騙されてみると、人間的に成長できる場合も少なくありません。

なぜなら「ああ、おそらくこの人は失敗するな」とか「騙されるかもしれないな」と感じたとしても、信じることによって相手の気持ちを理解できるからです。

「どう考えて、こういうことになっているのか」
「なぜ、こういう要求をしてくるのか」
などを分析することができれば、自分は将来的に、その人と同じミスをしなくて済むことになります。

つまり、相手の生き方に、自分の未来を学ぶのです。

僕も過去に、何度もそういうことがありました。そして、それは大きな肥やしになったと思っています。

これは近道を行く生き方ではなく、遠回りな生き方かもしれません。

でも、「近道か遠回りか」「得か損か」などを意識しすぎると、本質的な部分を見逃す可能性があります。

だから、**遠回りでもいいし、場合によっては遠回りするほうが結果的に近い場合もある。**経験的に僕はそう考えています。

それに騙されてみると、相手から信頼される場合も少なくありません。

もしもこちらが誠実に騙されたのであれば、騙してしまった相手のなかには少なからず良心の呵責が生まれます。よほどの悪人でない限り、「申し訳ない」という感情が多少は生まれるわけです。

そうなると、**逆にこちらには精神的な余裕が生まれます**。それがとても重要なのです。

もうひとつ大切なのは、騙した相手を責めないこと。

しかし現実的に、そこまでの精神的な余裕を持つことができたとしたら、必要以上に相手を攻める気も起きなくなるのではないでしょうか？

第2章

地雷を踏まない聴き方のルール

アナザー・アングル・メソッドの考え方

自分と正反対のタイプと無難に付き合う方法

自己主張タイプの人を避けて生きていくのは不可能

みんなで話をする場などでは、「俺が俺が！」というように、**なんとしてでも優先的に自分の話を聞かせようとする「自己主張タイプ」の人がいる**ものです。

ちなみに僕は、相手が「たぶん、この人に話しても伝わらないだろうな」と思わせるような人だったり、あるいは「この人はいま人の話ではなく、自分の話を聞いてほしいんだな」と感じた場合などには、なるべく聞き役に回る傾向があります。

自己顕示欲が強い人にも勝つ自信がないので、そんなときもやはり口を閉ざします。

ですから「自分は自己主張タイプではない」と思っています。

が、その反面、家族からは「また自分ばっかり話すんだから！」とか「まず一方的に自分の話を聞かせようとするけど、そういうのやめてくれない？」などといわれることもしばしば。

ということは、自分では気づかないだけで、意外とそういう側面もあるのかもしれません。

それはともかく、問題は「自己主張タイプとコミュ障とはキャラが正反対だ」という点。勝てる見込みのない天敵のようなものなのです。

にもかかわらず、自己主張タイプはどんな人の周囲にも何人かはいるものなので困りもの。言い換えれば、**社会生活を営んでいく以上、そういう人を避けて生きていくことは不可能**だといっても過言ではないのです。

そこでここでは、自己主張タイプと無難に付き合う、もしくはうまくやり過ごすための策をお伝えしたいと思います。

「上から目線」になっていることに気づけない人もいる

まず最初に考えておくべきポイントは、**彼らがなぜ「俺が俺が！」と自己顕示欲を全開状態にしたがるのか**ということ。

このことを分析するにあたっては、自分自身を俎上に上げてみるのがいいような気がしています。「僕はなぜ家族に自己主張してしまうのか？」という部分に焦点を当ててみれば、それがなんらかの糸口になるかもしれないからです。

自分の心理状態を分析するというのもヘンな話ですが、「話を聞いてもらいたい」場合、どうやら次のようなことを考えているようです。

- なんとか関心を引きたい
- 僕の話を聞いてもらいたい以上、誰かに割り込まれたら困る
- 誰かがなにかを話したがっているなら、大きな声で話して、「いまは割り込めないよ」アピールをしようか

- もしくは、先に話させてから、こちらはゆっくり話すという手もあるな
- でも、先に話した誰かの話がおもしろければ、こちらの話が相手にされなくなるかもしれない
- 話したとしても、興味を持ってもらえないことも考えられる
- だとしたら、なんらかのインパクトを与える必要がある？
- 「聞いてくれ！」と、あえてストレートに口に出してみようか

思いつくまま書いてみたのですが、なんとしてでも聞いてほしい感じで、我ながらちょっと情けないですね。

しかし、こういうたぐいのことを考えているのは一般的な自己主張タイプにもいえるのではないかと思います。

ところで、これらを確認すると気づくことがあります。それは、「聞いてもらう相手」に対する態度。つまり、これらの感情を抱くとき、おそらくは**相手を信用していない**のです。

「なんとか関心を引きたい」と思うのは、**関心を持ってもらえないかもしれないといい**

う不信感があるから。

「誰かに割り込まれたら困る」のは、**割り込まれるかもしれないと疑っている**から。

「誰かの話がおもしろければ、こちらの話が相手にされなくなる」と考えるのは、**自分のことしか頭にない**から。

「興味を持ってもらえないことも考えられる」と予測するのは、心のどこかで**相手に期待していない**から。

「インパクトを与える必要がある」なんて、どうでもいいことを考えるのは、**「そうしなければ聞いてもらえない」という疑念がある**から。

「聞いてくれ！」といいたくなるのは、**そこまで強く訴えかけないと伝わらないかもしれないと思っている**から。

そこには、相手を信じようとか、尊重しようという気持ちが欠けているのです。

「どうせ聞く気がないんだろうから」と決めつけ、「こっちからアクションを起こすなり、インパクトを与えるなりしなければならない」と考えているともいえます。

たとえば自分と家族との会話に当てはめてみた場合、もちろんそこに悪意は存在しません。家族なんですから当然です。

ところがそれでも現実的に、自分でも気づかないうちに「上から目線」になってしまっているということ。だとすれば、「また自分ばっかり話すんだから！」というような反発を食らったとしても、なんら不思議はないでしょう。

同じことは、一般的な対人関係についてもいえるはずです。

大声で場を仕切ろうとしたり、人の話を遮ったりするなど、すべての自己主張タイプは相手のことを信用していないということです。

といっても、僕はここで彼らを非難しようとしているわけではありません。**「そういうものなのだ」ということを、頭に入れておこう**ということです。

なぜなら彼らだけでなく、人間には誰しもそういう部分があるはずだからです。いってみれば、その度合いが大きいだけの話。

そう考えれば、自己主張タイプも多少は許せる気がしませんか？

基本的に人間は、自己主張をしたがる生き物。そう認識すれば、自己主張タイプが場を仕切って話し続けていたとしても、さほど気にならなくなるでしょう。

苦手な相手の「優しい人」像を勝手にイメージする

「絶叫おじさん」と心が通じ合った理由

小さな広告代理店の制作部に勤めていたころ、クライアントのオリエンテーションを受けることがよくありました。先方の望みにかなった広告物をつくるため、その会社、もしくは仕事についての考え方や方向性などの説明を受けに行くわけです。

ただ、オリエンテーションだのプレゼンテーションといっても、勤めていた代理店は零細で、クライアントも半数以上が中小企業。つまり広告代理店という言葉のイメージとはほど遠い部分があり、むしろ非常に泥くさい仕事ばかりでした。

ある小さな不動産会社へオリエンテーションを受けに行ったときのことです。出てきた40歳前後の担当者（仮にＡさんとします）は、非常にアクが強い人でした。

「いまから俺がここに書くことを、すべてメモれ！　そして、俺の話をよく聞け！」

狭い会議室で、ホワイトボードをばんばん叩きながら強く訴えるのです。

しかも話が進めば進むほど興奮状態は高まっていき、挙げ句の果てには「俺が会社だぁ！」などと意味不明なことを叫びはじめる始末（実話です）。

しかしそのとき、不思議なことが起きたのです。少なくとも僕にとってはインパクトの大きな出来事だったので、あれから数十年を経たいまでも、そのときの光景をはっきり記憶しています。

仕事ですから、好むと好まざるとにかかわらず、とにかく僕はＡさんの話を聞き続けなければなりませんでした。非常につらかったのですが、**「あまり余計なことを口にして刺激しないほうがよさそうだな」**と静かに話を聞いていました。

そして、ある瞬間、本当にきっかけらしいきっかけはないのですが、こんな想いが頭をよぎったのです。

（アクは強いし、申し訳ないけど見た目も決してよくないし、この性格だと人に好かれるタイプじゃないだろうな。でも考えてみると、この人だって誰かを好きになって結婚したのかもしれない。家に帰ったら、けっこう奥さんに対してやさしかったりして……。それどころか、奥さんよりも愛しい娘もいるかもしれない）

おそらく、話がつまらなくて退屈だったから、どうでもいいことを考えたかっただけだったのだろうと思います。

でも、そんなことを考え、**「不器用だけど実はやさしいお父さん像」**を勝手にイメージした結果、ついさっきまで苦手意識しか持てなかったAさんのことを、ちょっと愛しく感じたりもしたのです。「考えてみると本当に嫌なやつなんて、そうそういるもんじゃないしなー」みたいな感じで。

我ながら想像力の豊かさに感心しますが、僕がそんなことを考えてしばらく経ったころ、ほんの数分前まで絶叫していたAさんが、ある瞬間を境に静かになり、そしてため息をついてこういったのです。

「……いや俺もさ、いろいろつらいんだよ……」

いきなりペースを落とし、なぜそんなことを愚痴りはじめたのか、理由はわかりません。単なる偶然だということも考えられます。

しかし、心のなかで歩み寄っていった結果、なにかがAさんに伝わったのではないか、そんな思いを僕は捨てきれないのです。

その証拠に、そこからAさんとの関係はものすごくよくなりました。絶叫しているころには「余計なことは口にしまい」としか思えなかったのに、ときには辛辣な意見を伝えることもできるようになりました。そして向こうも、そんな僕の言葉を受け入れてくれるようになったのです。

苦手な人を「苦手なまま」で終わらせない
アナザー・アングル・メソッド

苦手な人を「苦手だな」と思うことは、とても簡単です。しかし「苦手だ」と思った時点で、その相手を拒絶していることになります。

「苦手だから、関わらないようにしよう」というような思いが心のどこかに隠れているからこそ、「苦手だな」で終わらせようとするのです。

でも、「苦手だ」から「関わらない」という思考は、きわめて主観的なもの。最初から答えを設定してしまっているので、それ以上のなにかにつながっていくはずもないのです。

なんにせよ、別の角度から見てみると、まったく違って見えることがあります。右から見たときにはなんにも感じなかったけれど、左から見たら、上から見たら、斜めから見たら、とてもおもしろかったということがあるわけです。

それは人に対してもいえることで、角度を変えて見てみた瞬間、「お！」と思える瞬間に出会えることは少なくないということ。そして、そこがコミュニケーションのフックになる可能性があります。

もちろん命を取られるというようなことであれば話は別ですが、そうでないなら、試してみる価値はあるのです。これは、経験的に自信を持っていえることです。

そこで、もしも苦手な人の話を聞かなければならないことになったら、僕がこの体験から導き出した方法を試してみてはいかがでしょうか？　題して、アナザー・アングル・メソッド、早い話が「別の角度から見る方法」です。

アナザー・アングル・メソッド
1　苦手な相手の話を冷静に聞き、ひとまず苦手な部分もすべて受け止める。
2　想像力を発揮し、相手の「日常」や「若いころのこと」などをイメージしてみる。

たったこれだけのことですが、繰り返して習慣化することができれば、やがてなんらかの効果につながるはず。

事実、僕もこの方法を応用し、Ａさん以外の何人かともいい関係をつくることができました。頭のなかでイメージしているだけなら相手に迷惑をかけることはありませんし、**そもそもコミュ障の人は、いろいろなことを勝手にイメージするのは得意なはず**。というわけで、やってみる価値はあると思います。

アナザー・アングル・メソッド

① 苦手な相手の話を冷静に聞き
ひとまず苦手な部分もすべて受け止める

② 想像力を発揮し、相手の
「日常」や「若いころのこと」などを
イメージしてみる

必要以上にビビらずに済む考え方

有名人であろうが一般人であろうが人としてまったく変わりはない

もの書きという仕事柄、これまで数多くの人々にインタビューしてきました。スタートラインが音楽ライターだったこともあり、音楽業界で活躍する有名人を取材することが少なくありませんでしたが、その一方で、サラリーマンから商店主まで、いわゆる一般人といわれる人たちからも、たくさん話を聞く機会に恵まれました。

振り返ってみれば、こうした経験が**コミュ障脱却**にとてもいい影響を与えてくれたと思っています。

特によかったのは、音楽ライターという立場だけに縛られてこなかった点です。ライターのような仕事をする場合、得意分野を持っているほうが圧倒的に有利です。しかしそこには、「その世界だけしか見ることができない＝視野が狭くなる」というデメリットもある気がしていました。

だとすれば、それは避けたいところでしたし、そうでなくとも、いろいろな世界を見たいという気持ちが僕のなかには常にあるのです。

そこで、手段としてはうまくないのかもしれないけれども、音楽ライターを続ける一方、ジャンルを問わないフリーランスライターとしてもいろいろな仕事をしてきたのです。その結果、あらゆる世界に生きる人に話を聞くことになったというわけです。

僕は、有名人であろうが一般人であろうが、人としてまったく変わりはないと思っています。

早い話が、**「だって、同じ人間じゃん」**ってこと。

人間である以上は、喜ぶこともあれば、悩むこともあるでしょう。成功することもあれば、失敗することだって当然あります。そういう意味において、有名か無名かはまったく無関係だと考えているのです。

しかも、同じ人間である以上、「有名人の人生はおもしろいけど、一般人のそれはおもしろくない」などということは絶対にあり得ません。知名度に関係なく、各人の生きて来た道のりにいろいろなストーリーがあるもの。だからこそ、人から話を聞けば例外なく楽しく、興味深く、ためになるのです。

もちろん話を聞くときは、年齢や立場を念頭に置いて礼儀を踏まえるのが大前提ですが、**学歴があるとかないとか、いい企業に勤めているとかいないとか、容姿がいいとかよくないとか、そういうことはなんの関係もなく、「人間として同じ」**です。

ビビる気持ちが薄れたら いまよりもう少し相手に興味を持ってみよう

とかくコミュ障の人は、相手のことを大げさに捉えてしまいがちなのではないでしょうか。

「自分よりもすごそうだ」
「能力が違いすぎる」
「きっと勝てない」

でも、実はそういったたぐいの不安は、単なる思い込みにすぎません。人にはそれぞれ得意分野がありますから、目に見える部分で優っているように見えたりするだけ。本質はさほど変わらないということです。騙されたと思っていただいてもかまいませんので、まずはそのことを信じてみてください。

そう考えることに慣れてくると、人から話を聞くことが重荷でなくなっていきます。すぐ気持ちを切り替えることは難しいかもしれませんが、人間は物事を習慣化することができます。そこでとりあえず、**「人間なんて、みんな一緒」と自己暗示をかける習慣**をつけてみてほしいのです。

逆に考えれば、「なんだかすごそうな人だ」とか「有名な人だ」とか、そういうことにとらわれすぎるから、ビビッたりアガったりしてしまうのです。でもそれは、自分の苦手意識やコンプレックスが生み出す単なるイメージにすぎません。

だとしたら、**そんなものに翻弄され続けるのは時間の無駄。**僕自身がかつてはビビる側だったので、経験的にそれは自信を持って断言できます。

そして気持ちを楽に持てるようになったら、次にすべきは好奇心を全開状態にすることです。コツは難しいことを考えない、それだけです。

- この人は、どうしてこういう考え方をするようになったんだろう？
- どういう家庭に育ったのかな？
- 学生時代は、こんなタイプだったんじゃないかな？
- 頑固そうに見えるけど、実は繊細な部分があるんじゃないかな？
- 人から誤解されやすいタイプなのかな？
- 自己表現がうまくないな。でも、そこが人間くさくていいな。

こんなふうに相手の話を聞きながら、勝手に想像してみるわけです。すると不思議なことに、どんどん聞きたいことが増えていきます。相手に興味が湧いてくるのです。その結果、相手に対する肯定的な感情が増していきます。

さて、おもしろいのはそこから先です。

「開きなおり方」をマスターしよう

受け入れて、楽しんでしまおう

いくら「相手は自分と同じ人間だ！」と理解したとしても、残念ながらそれですべてが解決するわけではありません。

どれだけ頭でわかっていても、**「会うとなると、なんとなく気が重いな〜」と思わせる相手は現実的にいる**ものだからです。

それどころか、そもそもその相手にまったく興味が持てない場合だってあるでしょう。

事実、インタビュー慣れしているはずの僕でさえ、会う直前になっても、「どうにも前向きになれないわー」というような気持ちになることは、よくあります。

とはいえ仕事だとしたら、好きとか嫌いとかいう理由でそれを避けるのは不可能。でも、気持ちは前向きにならない。そんなとき、どうしたらいいのでしょうか？

答えは簡単！　**開きなおればいい**のです。

気持ちがポジティブであってもネガティブであっても、導き出される答えは結局のところひとつだけです。ネガティブでい続けたら気分的に楽になるなどということは、どう考えてもありません。

だとしたら、楽な気持ちで話を聞いたほうが精神的な負担は少なくなります。

そのために重要なのは、目の前にある状況を受け入れ、**嫌がっている自分を認めてしまうこと**。「嫌がってはいけない」という使命感に縛られてしまうからうまくいかないのであって、嫌がっている自分を認め、そこをスタートラインにしてしまえばいいのです。

「嫌がってなにが悪い？　とにかく、いまから1時間、この人の話を聞いたら終わるんだ。延長して5時間聞き続けるなんていうことにはならないのだから、とにかくこの場を乗り切ろう」

逃げられないのだとしたら、たとえばこんなふうに割り切ることが大切。でも、それができると、意外に気持ちは楽になるものです。「嫌がる自分」を認めたからです。

開きなおると新しい習慣が身につく

それができたら次にすべきは、気持ちをフラットな状態に保つこと。逃げられないのであれば、乗り切ろうと決めたのであれば、**無駄なことを考えず、その時間を徹底的に楽しむことを考える**のです。

すると、相手に対する印象と自分の気持ちは、おもしろいくらいに変化します。

「んなこといわれても、理屈じゃわからなくもないけど、実際のところはね」

そういいたくなる気持ちもわかります。でもそれは、自分が相手に対して壁をつくっている証拠です。別な表現を用いるなら、「壁をつくる余裕がある」のです。
でも、それでは意味がありません。行動の根底にあるものは主観だけだからです。開きなおって受け入れて、気持ちをフラットに保ってみると、そこから道が開けていく。このことについて段階的に説明していきましょう。

1：相手と対面した。もう逃げられない。 ↓いい意味で「開きなおる」
←
2：気持ちをフラットに保とう。 ↓ここで偏見が排除される
←
3：楽しむしかないのなら、いいところ、おもしろいと思えるところを探そう。
↓ここで視点が変わる（視野が広がる）
←
4：へぇ、この人って、こんなことを考えてたのか。
↓発見
↓好奇心
↓興味
↓好意

まず1は、相手と向き合った段階です。もう名刺交換もしたし、雑談もはじまった。だとすれば、「では、これで……」と席を立つわけにはいかないでしょう。

でも、このとき「もう逃げられない」状況をネガティブな方向に考えるべきではありません。「ああ、どうしよう、もうだめだ」などと悲観的になったところで、なにひとつ変わらないのですから。

大切なのは、「もう逃げられない」状況を受け入れ、「こうなりゃ乗り切るしかないじゃん」という方向に頭を切り替えること。

「そんなことできない」という声が聞こえてきそうですが、そんなことはありません。何度もいうように、**繰り返していれば慣れます。**

次に2。「もう逃げられない」状況を前向きに受け入れられれば、そこで気持ちはフラットな状態になります。肯定も否定もせず、ありのままを受け入れられる状態になったということなのですから。

つまりは偏見が排除されるわけです。「否定」はいちばん楽な逃げ道であり、コミュニケーションの大敵。それを排除できたということは、コミュ障脱却に一歩近づいたということです。

フラットな状態は、3につながっていきます。楽しむしかないのだから、あとは自分が楽しめる部分、すなわち相手のいいところや、おもしろい部分を探していけば、どんどん視野が広がっていくわけです。

要するに、否定が軸になっていたころには決して見えていなかったものが見えてくるということです。

最後に4。視点をフラットにして相手のいいところを探した結果、いろんなことが見えてくると、「へぇ、この人って、こんなことを考えてたのか」というような新鮮な気持ちになることができます。

いろいろな「発見」があるので「好奇心」を刺激され、相手にどんどん「興味」が湧いてきて、それが「好意」につながっていくということ。

早い話が、**「受け止めて」「楽しんで」しまえば、「嫌だな〜」という思いしかなかった面会も、なんらかのかたちで楽しくなってくる**ということです。

ちなみにこの段階を踏んでいくと、必ずなんらかの形で自分の表情に相手への好意的な思いが現れます。すると、相手もそれを好意的に受け取ってくれます。

自分の緊張感を相手に悟られないコツ

「ビビり」は相手に伝わる

もう10年以上前になりますが、ある国民的ロック・スターに3か月間張りついて取材をしたときのことです。

大人の事情があるので名前を出すことはできませんが、その人は、日本人なら知らない人はいないだろうというほどの超有名人。日本の音楽界の重鎮です。

ですから、いくら「人間はみんな同じ」という考えを持っているとはいえ、会うとなれば僕の緊張感もハンパなかったわけです。

月に何度かのハイペースで取材を進めましたが、そのたびに**「なにかマズいことを口にしたら、その時点ですべてがパーになってしまう」**というような緊張感と背中合わせだったのですから。

僕は自分のそんな精神状態を「とてもよくない」と感じていました。緊張して「フラットな状態」を保てないのであれば、ベストな取材などできるはずがないからです。

とはいえ、どうすることもできません。

「人間なんて、みーんなおんなじよ！」と思っていたくせに、そういうところではコミュ障体質がひょっこりと顔を出してしまうのです。

しかしそうなると、**こちらの「好意」が相手に伝わるのと同じように、緊張状態も露骨に伝わってしまいます。**

その人は人に厳しいことでも有名。こちらがビビッていることを敏感に察知していることは、流れる空気の密度ではっきりとわかりました。

もちろんそれでキレたりすることはないものの、「ああ、こいつ緊張してんだな」と即座に気づいたことでしょう。

取材は回を重ねるごとに慣れてはいきました。けれど自分にとっては、まだまだベストとは言い難い……。それどころか、「仕事のクオリティとしては普段の50％にも満たないな」と自己嫌悪に陥っていたような状態でした。

状況が変化したのは、3か月の取材期間が終盤に差しかかったころのことです。「終わり」が近いことを実感せざるを得なくなったなか、自分の意識が明らかに変わったことに気づきました。

「もうこの人に会うことはないだろう。気軽に会えるような相手ではないのだから」

そんな意識が次第に強くなっていき、焦りが生まれたのです。

それはネガティブな焦りではありませんでした。なにしろ、うまくいこうが失敗しようが、会える回数は決まっていて増えることはありません。

「気軽に会えないような存在だったら、必要以上に気をつかわず、聞きにくいことやツッコミづらいことも聞いてしまっていいのではないか？」。そんな気持ちになっていったわけです（もちろん、礼儀をわきまえたうえでの話ですが）。

相手に対する「真実の興味」は不器用であっても温かい形で伝わる

ある日のインタビューを境に、僕はスタイルを変えました。変えたというよりも「必然的に変わった」のです。

聞きづらいことも笑顔で聞き、ツッコミどころには反応し、という感じで、ぐいぐいと押していきました。それで相手が気を悪くしたとしても、そのときはそのとき。

当然ながら不安もありましたが、**いざやってみるとそれほど恐ろしいことではありませんでした**。そして明らかに、その人の態度が変わりました。

しかも悪い方向にではなく、いい方向に。

遠慮していたころはそれなりの答えしか返してくれませんでしたが、ガンガン突っ込めば突っ込むほど反応がよくなり、普段話さないようなことまで話してくれるようになったのです。

それればかりか、その日以降、その人は話の合間に真の姿というような弱音をこぼすようにもなりました。「こういう立場にいるのも大変なんだよ」と。

国民的ロック・スターのそのリアクションは、57ページに登場したAさんにとても近いものでした。

大スターとAさんとでは社会的なステイタスは違いますが、やはり最終的には同じ人間。いろんな角度から観察してみたり、興味を持ったり、好意を持ったり、そういう積み重ねをしていけば、自分の思いは必ず相手に伝わるということです。

そこにスキルや要領のよさは必要ありません。事実、そのアーティストへの僕の突っ込み方も、非常に不器用な対応だったと思います。それでも伝わるのです。

重要なポイントは、これが特別なケースではないということです。同じことは、いろんな人の、それぞれの状況にもいえることなのです。

1 不安感もネガティブな気持ちもすべて受け入れる
2 「失敗して当たり前」だと開きなおる
3 いろいろな角度から観察し、相手に対する偏見を捨てる
4 そして純粋な興味を持ち、小さな気づきに焦点を当てる
5 ビビらず、聞きたいことを積極的に聞くようにする
6 ただし、礼儀は大切に。そして、できれば笑顔で

まとめると、こんな感じになるでしょうか。

相手が人間でありさえすれば、これはどのような相手、どのようなシチュエーションにも応用できると思います。

付き合い10年、会ったのは2回
そんな交流があったっていい

コミュ障ミュージシャンとの不思議な関係

コミュ障にまつわるエピソードといえば、日本を代表するラウドロック・バンド、マキシマム ザ ホルモンのギタリスト、**マキシマムザ亮君**との出会いも非常に印象的でした。『ぶっ生き返す』というアルバムがリリースされたときのことなので、もう10年も前の話です。

バンドのコンセプトを担っているのが、メンバー内でも突出した存在感を放つマキシマムザ亮君です。

彼はアイデアマンで、ライヴでも「入場する際に牛乳を一気飲みしなければならない」「入場時にはニンニクをかじり、ライヴ中はダウンジャケット着用」など、強烈な条件をファンに突きつけてきたりすることで知られていました。

ですからインタビュー依頼をしても、すんなりOKをもらえるはずはないだろうなと予測はしていたのです。

で、結果は予想どおり、ある意味では予想以上でもありました。というのも、「インタビューはOK。ただし、自分が指定したテーマについてしか話さない」という返答だったのです。ちなみにテーマは**「便所サンダル」**。

ご存知の方も多いと思いますが、亮君は便所サンダルの愛好者で、海外公演のステージも便所サンダルを履いてこなす人です。それは知っていましたから、こういうリクエストをもらったときには大笑いしてしまいました。

そして決心しました。「便所サンダルについて聞きに行こう」と。

そこで初対面の席で、僕はまずこう告げました。

「今日は便所サンダルについてとことんお聞きしようと思って伺いました」

するとと亮君は、満面の笑みを浮かべてこう答えてくれたのです。

「そんなこと、どうだっていいんですよ〜！」

そして便所サンダルについて触れることもなく、作品のこと、バンドのこと、音楽観など、予定時間を超えていろいろ話してくれたのでした。


そしてこの日から、亮君と僕はちょこちょこ連絡を取り合うようになりました。手段はショートメールからフェイスブックやインスタグラムへと移行していきましたが、まじめなことからくだらない話まで、現在もいろいろなやりとりをしています。「便所サンダルについてしか話さない」はずが、結果的にはそれ以外の話題で盛り上がり、付き合いが10年も続くことになったわけです。

ちなみにこういう文章を書いているのも、亮君とのエピソードを披露していいかと相談したところ、「僕にとってもコミュ障というテーマは他人事ではないので、内容もすごく読みたいし、紹介してもらえるとうれしいです」という返事をもらうことができたからです。

話し下手でも自己表現が苦手でも世界に羽ばたける可能性はある

ただし、特筆すべきことがあります。

実をいうと僕らはそのインタビューの日を含め、**いままでに2回しか会ったことがない**のです。先日再会して飲みましたが、それはインタビュー以来10年ぶりのことでした。

それでいて表面的な付き合いでは決してなく、それなりに密度の濃い交流ができていると思います。その証拠に先日も1か月ぶりに会ったような感じで再会することができました。SNSでしょっちゅうやりとりをしているので、実際に会わなくても信頼関係を保つことができているのです。

「なぜ、そんな関係を構築することができるんだろう？」と不思議に思われても当然かもしれません。たしかに、普通に考えればありえないようなことですから。

ただ、僕はこう考えています。初めて会ったとき、「便所サンダルについて聞きにきた」と告げた僕に、亮君はなにかを感じ取ってくれたのではないかと思うのです。

それは「同類の人間だ」というような、つまりは「類は友を呼ぶ」的な感覚だったのかもしれません。「話ができそうな相手だ」という、なんらかの〝匂い〟を感じてくれたのだろうということ。だからインタビューも盛り上がったし、それ以降も自然な交流ができるようになったのではないか。

ここにはコミュ障のコミュニケーションを語るうえでの重要なポイントがあるようにも感じます。

つまりコミュニケーションにおいては、必ずしもトークのスキルとか、立ち回りのうまさなどが求められるわけではないということ。究極的にはそんなことはどうでもよく、お互いになにかを「感じる」ことが重要なのだということです。**話し下手でも自己表現が苦手でも、そんなことは問題ではない**のです。

その証拠に、僕は話し上手ではありません。

それは亮君も同じ。彼は自他ともに認めるコミュ障ですが、音楽で世界的な知名度を獲得しています。そこに重要な答えがあるような気がしてなりません。

「聞きたくもない話」はチャンスにもなる

僕が「興味がない本」をあえて読むようになった理由

僕はときどき、興味のない本をあえて読んでみることがあります。理由は簡単。**読んでみなければわからないことが多いから**です。

そもそも、「興味がない」は単なる主観にすぎません。しかもその前提には「否定」があります。自分が勝手に「好きではない」「嫌いだ」「興味がない」と決めつけて、否定しているだけなんです。

しかし多くの場合、「興味がない」は思い込みである可能性が非常に高いと思います。

その証拠に、「読みたくもない本」を読んでみると、予想外の発見があるものです。「えっ、こんなにおもしろかったの？」とか、「もしも否定したまま読まなかったとしたら、いろんな意味で損してたかもしれないな」とか。

だとしたら、読まずに否定するのはもったいないじゃないですか。

なぜそんな話をしたかといえば、**同じことがコミュニケーション、とりわけ「人の話を聞くとき」にもいえる**からです。

たしかに、興味のない相手の話を聞くのはつらいことです。なにしろ興味がないのですから、おもしろいはずがないのです。

でも問題は、興味のない本を「読みたくもない」と拒絶するのと同じように、自分の主観だけを頼りに、その相手のことを「興味のない人」だと思い込んでいる可能性があるということ。

ギロリ
ウニ男さん
トゲトゲで怖そう！
落ちつけ
見た目にだまされるな
主観を取り払う
むしろギャップ萌え
いい人だった
聞いてみてから判断しよう！

もちろん「我慢して聞いてみたけど本当につまらなかった」ということだってあるでしょう。でも、それを恐れていてはコミュニケーションは成り立ちません。**聞いてみてから判断すればいい**のです。

そう考えると、主観を取り払ってフラットな状態で聞いてみた場合、「聞きたくもない話」は大きなチャンスになる可能性があります。主観が本質を覆い隠していただけなのですから、それが取り払われたとき、思いのほか興味深いことが見えてきたりするわけです。

- 視野が狭い人だと思っていたけれど、意外に柔軟な考え方ができる人なんだな
- 趣味が違うと思っていたけれど、よくよく聞いてみたら好みが似ている
- 意外な人生経験を持っていたんだな
- 頑固で怖そうだったけど、意外にやさしいんだな
- 滑舌が悪いから期待してなかったけど、話がめっちゃおもしろい

余計な思い込みを取り払えば、思わぬ収穫が得られるかもしれません。

第3章

「自称コミュ障」が身につけたい伝え方

伝え方の常識「3ステップ」は
無視しよう

コミュ障脱却のプロセスで疲れたら読んでほしい本がある

『英語屋さん』の登場人物茂木さんが教えてくれること

「いちばん好きな作家は誰か？」と問われたら、僕は迷わず**源《げん》氏《じ》鶏《けい》太《た》**の名を挙げます。ユーモアと温かみに満ちた作風のサラリーマン小説を、驚くほどのハイペースで次々と生み出した小説家。高度成長期にどれだけ評価されていたかは、多くの作品が映画化もしくはドラマ化されたという事実でも明らかです。

それほどの実績を打ち立てながら、現在ほとんど知られていないのは娯楽小説の宿命なのでしょうか。

とはいえ、戦後の復興から繁栄までの日本の姿をわかりやすく表現した大作家であることは否定できません。

そんな源氏鶏太が残した代表作のひとつに、1951年の第25回直木賞受賞作『**英語屋さん**』があります。

主人公である茂木さんは、猛勉強によって身につけた英語力を武器とする人物。終戦直後の時代には英語力のある人が少なかったため、外国人との交渉には欠かせない存在として重宝されていました。

ところが、小学校しか出ていなかったこともあり、どれだけ大きな仕事をしても正社員にはしてもらえず、嘱託のまま。

そのせいか性格が少し歪んでおり、社内に敵が多い人物でもありました。どれだけ歪んでいるかは、たとえば次の記述を確認していただければ想像できるのではないかと思います。

ペーパー・ドッグ（筆者注：＝紙犬。誰彼かまわずきゃんきゃんと噛みつく犬という比喩）！いみじくもいったものだ、とみんなよろこんだ。茂木さんはしょっちゅう誰かに噛みついている。どこへいっても、腹が立ってたまらぬように毒舌をまき散らしている。しぜん人人から敬遠された。勿論、重役にだって例外でなかった。してみれば、茂木さんが嘱託から職員にして貰えなかったのは当然かもしれない。だから、それ故に茂木さんのもって生まれた狷介《けんかい》な性格が、いよいよペーパー・ドッグ的になっていったのであろうが、しかし、首にならなかったのは、英語屋としての実力だけは認められていたからであったに違いない。

（源氏鶏太『英語屋さん』集英社文庫）

そんな茂木さんが窮地を乗り越えるさまを描いたこの短編を読むたび、僕は「人って結局、昔もいまも変わらないんだなぁ」と感じます。なぜって、**どう考えても茂木さんは、いまの言葉でいうコミュ障**だから。

とはいっても、口下手で本音が口にできないのではなく、コンプレックスが大きすぎるあまり、すぐ人に噛みついてしまうようなタイプ。そういうコミュ障は現代にもいるわけで、そう考えれば、コミュ障は最近になって突然変異のように現れたものではないということがわかるのです。

もちろん源氏鶏太作品が勧善懲悪のエンタテインメント小説である以上、「小説と現実を一緒にされちゃ困る。現実はそれほどうまくいかないものだ」という意見もあるでしょう。

でも、考えてみてほしいのです。**コミュ障のサラリーマンが窮地を乗り越える小説が評価されたということは、「それを望む人」がいたということ**です。

「それを望む人」の何割かは、なんらかのかたちでコミュ障的なハードルを乗り越えたいと思っていた人たちです。でも現実の世界では望みを叶えられないからこそ、茂木さんの姿に我が身を投影したわけです。

いつの時代にもコミュ障はいる、そして、それは当然のこと。なぜなら、僕らは人間だからです。

そして人間である以上は、なんらかの方法によってコミュ障的な場所から抜け出すことはできる。だとすれば、自分にとって適切な「抜け出すための手段」を見つけ出せばいいだけだということです。

『英語屋さん』が絶版になってからしばらく経ちますが、古書店や図書館を利用すれば読むことは可能です。

コミュ障脱却のプロセスで疲れを感じたら、息抜きのために読んでみてはいかがでしょうか?

「一流のトーク」を目指さないことがポイント

コミュ障の人には真面目な完璧主義者が多い

さて、次に触れたいのは「一流」についての考え方です。

それはコミュ障となんの関係もなさそうではありません。そういうイメージがあることは認めましょう。しかし実際のところ、**一流であるかないかに執着してしまうことが、コミュ障の人にとっての大きな懸念材料になっている**のではないでしょうか。場合によっては、それがコミュ障脱却を邪魔することにもなりかねないほどです。

わかりやすくいえば、**コミュ障の人には真面目な完璧主義者が多い**のです。そして「常に完璧でなくてはいけない」というような余計なことを考えてしまいがちなのです。

そんな考え方は、「一流でなくてはいけない」という義務感につながっていきます。それはコミュニケーションについてもいえて、たとえば人になにかを伝えなければいけないような場合、

- わかりやすく話さなければ
- 無駄なことをいわないようにしよう
- しかし、詳しくも伝えたい
- 明るく話さなければ、好意を持ってもらえないかも
- 流暢に話さないと、気持ちよく聞いてもらえないだろう
- 滑舌が悪いんだけどスムーズに話さなきゃ

などなど、**ＴＥＤに登壇するプロフェッショナルなスピーカーにしかできそうもないようなことを自分に課してしまう**わけです。

できもしない自分の能力以上のことをやろうとしても、できるはずがないのは当然の話。でも、余裕を失いながら一流ばかり追い求めている人は、なかなかそこに気づくことができません。

できなくて当然なのに、「どうして自分はできないんだろう？」と、余計に自信を失ってしまうのです。**一流を目指そう、一流であり続けようという焦燥感が、どんどん自分を一流とは逆の方向に追いやってしまう**わけです。

聞く側は「一流のトーク」を求めているわけではない

でも、ここで改めて考えてみてください。完璧な人なんて、そうそういるものではないのです。仮に一流になれたとしても、その人は「一流である状態を維持していかなければならない」という別の壁にぶち当たることになるでしょう。

しかも、一流のトークやスピーチが、必ずしも相手に感銘を与えるとは限りません。

それどころか、「自分は一流」という気持ちが心のどこかに隠れた人のトークは、相手に不快感を与えることのほうが多そうです、なぜなら、そういう奢りは伝わるものだから。そして聞く側は、必ずしも「一流のトーク」を求めてはいないからです。

相手の立場に立って、つまり自分が聞く側に立ったときのことをイメージしてみましょう。誰かの話を聞こうとするとき、相手には無意識のうちにこのような話し方を求めているのではないでしょうか？（カッコ内はその理由です）。

- 「自信満々の上から目線」ではない話し方（緊張しないで聞ける）
- 上手じゃなくてもいいから響く話し方（話し方教室じゃないんだから）
- むしろ「不器用だなー」と思わせてくれるような話し方（好感につながる）
- 肩の力を抜いた話し方（気負わず楽に聞ける）
- 下手でも、なんだか楽しそうな話し方（こっちまで楽しくなってくる）

そう考えていくと、「一流」に縛られることがいかに無駄であるかがおわかりになるのではないでしょうか？

相手を喜ばせたいときは この3点を押さえよう

「感動させよう」と狙うと失敗する

誰かとコミュニケーションを取ろうとするとき、コミュ障の人は余計なことを考えてしまいがちです。

たとえば、先に触れた「一流であることにこだわる姿勢」がまさにそれ。「一流の自分でいないと失礼だし恥ずかしい」というように、無意味に自分を追い込んでしまうのです。本当は、そんなことちっとも失礼じゃないし、恥ずかしいことでもないのに。

しかも、そんな気持ちがエスカレートしていくと、**「自分のようなコミュ障の話が、おもしろいわけがない」**という余計なコンプレックスを生じさせます。

「コミュ障である自分の話には欠けた部分がある」というようなことを無意識のうちに考えてしまうのです。そしてそれは、「相手に喜んでもらえるようなトピックスを用意しなければ」という、余計な気づかいにもつながっていく可能性があります。

非常に面倒くさい発想ですが、それはひとまず置いておきましょう。

ところで、相手に満足してもらえるような「究極のトピック」とはなんでしょうか？　いうまでもなく、それは「感動」です。「感動できる話」を提供できれば、相手はそれなりのバリューを得ることができるだろうという発想です。

気持ちはわかるのですが、**感動なんてそうそう簡単に演出できるものではありません**。「なんとか感動させなくちゃ」というような思いは、「あ、この人、感動的に盛り上げようとしてる」とか、「なんかわざとらしくないか？」というように、多少なりとも相手に伝わってしまうものですし。

そもそも感動は、話をする側が「させる」ものではありません。聞く側が自発的に「する」ものです。**そうやって取り繕った感動は、すぐにボロが出ます。**だからこそ、余計なことを考えてはいけないのです。そんなことばかりを考えていると、結果的には墓穴を掘ることになりかねません。

中途半端なギミックは不要！ 重要なのは一生懸命さ

それでも感動的な話をしたいというのであれば、原点に立ち戻ってみてください。人はどんな話に感動するのでしょうか？ それは、「させる感動」ではなく「する感動」です。

つまり簡単なことです。**「自分の言葉」で話せばいいのです。**そこに、中途半端なギミックはまったく必要ありません。むしろ、取り繕ったら取り繕ったぶんだけ、その話は不自然でわざとらしいものになるでしょう。言い換えれば、どんどん意に反したものになっていくわけです。

①話のうまさは必要なし
②下手でも一生懸命に話せば、それが感動に変わることがある
③大切なのは、誠実であること

ポイントがあるとすれば、せいぜいこれくらいでしょうか。

特に重要なのは②です。話がうまい必要なし。下手なりに一生懸命話せば、その姿勢が相手を感動させることがあります。

だからこそ、**「感動させよう」という気持ちは心の中から取り払ってください。**

ボキャブラリーよりも人生経験の量を増やそう

ボキャブラリーの乏しさを意識しすぎると余計話しにくくなる

人に伝えようとする際、「うまく伝える」ことと同様に意識してしまいがちなのが**ボキャブラリー**（**語彙**＝その人が使う言葉）**の量**です。

早い話が、「多ければよくて、少なければダメ」みたいなイメージが、多少なりともあるわけです。

「ボキャブラリーが豊富」ということは、いろんな言葉の蓄積があるということになります。そして「ボキャブラリーが乏しい」ということは、知っている言葉や使える言葉が足りないということになるでしょう。

だとすれば、前者のほうがいいに決まってますよね。少ないよりは多いほうが、安心感もありますし。

ただし現実的にそれを気にしすぎると、「量」に縛られてしまい、余計話しにくくなるケースも少なくないのです。

聞き手を共感させたり、感動させたりするものはボキャブラリーの数ではありません。

たしかにボキャブラリーのある人のトークを聞いていると、「は〜、この人はいろんな言葉を知ってるんだなぁ」と感心はするでしょう。

でも、だからといって感心が感動につながるとは限りません。それどころか、「言葉をたくさん知っている人＝頭がよくて近づきにくい人」と捉えられてしまう可能性もあるはずです。

本当の意味で人の心を動かすのは、ボキャブラリーの量ではなく、その人の人生経

験の量です。そこに「うまい言葉」は必要ありません。

前項の「一生懸命話す」ことの重要性にもつながりますが、話が下手でもまったくかまわないのです。重要なのは、話そのものの内容なのですから。そしてその内容は、人生経験の量がもたらしてくれるものです。

「そんなこといわれたって、そもそも人生経験自体が豊富じゃないし」

ああ、たしかにそういうケースもあるかもしれませんね。人生経験が少ないことからくるコンプレックスもまた、コミュ障の原因であるといえるかもしれないのですから。

でも、「人生経験が豊富じゃないし」と思えたのであれば、そこに突破口があるとは考えられませんか？

なぜなら、自分が経験不足だということを自覚できているのですから、無自覚な人よりもずっと可能性があるのです。

それに**「人生経験不足」は、「人生経験豊富」というゴールを目指すための出発点になります。そっちのほうがずっと重要。**そこを目指せばいいのです。

人生経験は「積み木」に少し似ています。時間はかかるかもしれないけれども、ひとつひとつ積み上げていけば、確実に自分のものになるのですから。

しかも本物の積み木とは違い、人生経験の積み木は崩れることがありません。それは蓄積されるものだからです。それがボキャブラリーにつながっていくのです。

そう考えれば、気持ちも楽になるのではないでしょうか？

「自分は人生経験を積み上げている段階なんだ」と自覚でき、積み上がった経験をボキャブラリーに転化できれば、いまボキャブラリーが足りなくても気にならなくなるでしょう。

そしてボキャブラリーが増えていくに従って、少しずつコミュニケーションが楽になっていくはずです。

「その根拠は？」など質問攻めにされたときの対策

悪意なく論破したがる人もいる

どう転がったって共感できっこない相手と会話をしなければならない――。ビジネスでもプライベートでも、そんなことはよくあります。

意見の食い違いがあると、ときと場合によっては、「論破してやりたい」といった感情をむき出しにしてくることもあります。

残念なことに、そういう相手はなかなか素直にこちらの話を聞いてくれないもの。

それどころか「どこで論破してやろうか」という態度がミエミエの場合もあります。

そして、そういう相手の常套手段が「質問攻め」です。

相手の話のなかから矛盾を瞬時に見つけ出し、「それはどういう意味ですか?」「なぜ○○ができると断言できるんですか?」といった調子で、**重箱の隅をつつくように質問してくる**わけです。

その裏側にあるのは、「答えられない状態まで追い詰めて論破してやろう」という魂胆です。

「魂胆」という言葉を使ったものの、必ずしも相手に悪意があるとは言い切れません。もともと理詰めで相手を追い込む資質の人もいるのです。だから余計厄介ではあるのですが、大切なのは、**その手の質問にビビる必要はない**ということです。

人は誰でも、論理的に質問でたたみかけられると、その時点でストレスを感じるものです。それはコミュ障に限った話ではありません。

「痛いところを突かれてしまった! こちらも理にかなった返答をしなければ」というように、焦りまくってしまうわけです。

しかも多くの場合、質問攻めにする人は持論に自信を持っており、声が大きかったりもし、余裕の笑みを浮かべながら質問をしてきたりするものです。
そんな態度を取られたら、さらに余裕がなくなってしまって当然です。

おそらく、そういう相手との会話は次のようになるのではないでしょうか？

こちら「〜は〜なんです」
相　手「そうですか。ということは〜なんですか？」
こちら「いや、必ずしもそういうことではなくて……」**（この時点で自信喪失）**
相　手「だとしたら〜というわけですか？」
こちら「まぁ、そうですね」
相　手「でも、それだと〜ではないですか？」
こちら「え？」
相　手「〜ということは〜ということですよね？　なのに〜だと矛盾しませんか？」
こちら「それは……まぁ……」**（もう出口なし）**

質問をたたみかけてくる人には共通点がある

質問をたたみかけてくる相手には、いくつかの共通点があります。

- 自分の考え方に絶対的な自信を持っている（負ける気がしていない）
- だから余裕を持って、積み木をひとつひとつ崩していこうとする
- そのため、絶対に感情的にならない
- 視線を離さず冷静に、ときには笑みさえ浮かべながら質問を連発する

思い当たるふしはないでしょうか？　つまりそういうタイプには「負けるはずがない」という確信があり、だからゲームのように論理的に崩していこうとするわけです。

では、そんな相手に話をしなければならない場合、そして、相手がいちいち質問攻めにして論破しようとしている場合、こちらはどうしたらいいのでしょうか？

まず重要なのは**「負けるものか」と思わないこと**です。

論理的な相手に負けるわけにはいかず、そのためにはこちらも論理的な返しができ

なくてはいけないと考えるから、そこに無理が生じるのです。

むしろ大切なのは、どうにも勝てそうにない相手だとしたら、「勝てそうもない」ことを心のなかで認めてしまうことです。その点については負けてしまっていいのです。

そもそも相手がふっかけてきただけの話で、こちらは勝ち負けで話を進めようとは思っていなかったはずです。つまりは、そんな自分の原点に立ち戻ればいいだけ。

さらに重要なのは、相手の〝リズム感〟を崩すことです。

「いや、ちょっとわからないな……。考えるので、ちょっと待ってくださいね」

まずはそのように伝え、「考える余裕」を取り戻すのです。なぜなら質問攻めにされた時点で、こちらは余裕を失ってしまっているからです。それではフェアな会話などできなくて当然ですから、なにより先にそこに立ち戻る必要があります。

リズミカルな質問攻めをしてきた相手は、そんなふうにいわれたら、〝論破のリズム感〟を失うかもしれません。

そうなったら、そこが攻めどころ。といってもアグレッシブに相手をやっつけろということではなく、平静を取り戻し、フェアに話を進めればいいのです。

先ほどの会話例で考えてみましょう。

こちら「～は～なんです」
相　手「そうですか。ということは～なんですか？」
こちら「いや、必ずしもそういうことではないんですが……。**たしかにそうかもしれませんね。すみません。なんだかわからなくなってきました（笑）。ちょっと頭を整理しますね。えーと……**」
相　手「…………」**（相手にとっては、この時点で予想外の反応）**
こちら「えーと、つまり～ってことかもしれません」
相　手「でも、それだと～ではないですか？」
こちら「**なるほど！　そういう考え方もあったか！　そうですよね。でも、～という方法もあるのではないでしょうか？**」
相　手「～ということは、～ということですよね？　なのに～だと、ちょっと矛盾しませんか?」

こちら「**そうかもしれませんけど、だとしたら、その矛盾をどうしていくべきかを考えてみればいいんじゃないでしょうか?**」

相手「うーむ……」

もちろん、現実の会話が必ずこのようにスムーズに進むとは限りません。

それでも、〝論破のリズム感〟を乱して話をしていくことには相応の意義があると感じます。その際のポイントは、次のとおりです。

①わからない部分は隠さず、「わからない」「混乱してきた」など、〝負の部分〟を解消できていないことを正直に認める

②落ち着いて考え、(突っ込まれることを恐れず、承知のうえで)その答えを相手に伝える

③相手の反論に共感できる部分があったら、それを素直に認める。疑問が出てきたとしたら、それも素直に投げかける。共感できる部分がなく、疑問だけが残った場合も、それをきちんと伝える

最初の質問を投げかけてきた時点で、相手には少なからず「矛盾を突こう」というような意思があるはずです。

だからこちらは怯んでしまうわけですが、**「わからない」ということをあえて認めて自分をフラットな状態に戻しましょう。**

そうした反応は相手にとっても意外なものとなり、場合によってはペースを崩します。狙ってそうするわけではありませんが、もしもそうなったとしたら、そこが突破口になる可能性があります。

次に大切なのは、落ち着いて考えること。瞬時に客観的な判断をするのは難しいことですが、「どっちにしたって勝てないんだから」と開きなおったうえで、「じゃあ、自分にはどうできるだろう？」と落ち着いて考えれば、その状況に適切な答えがきっと見つかります。

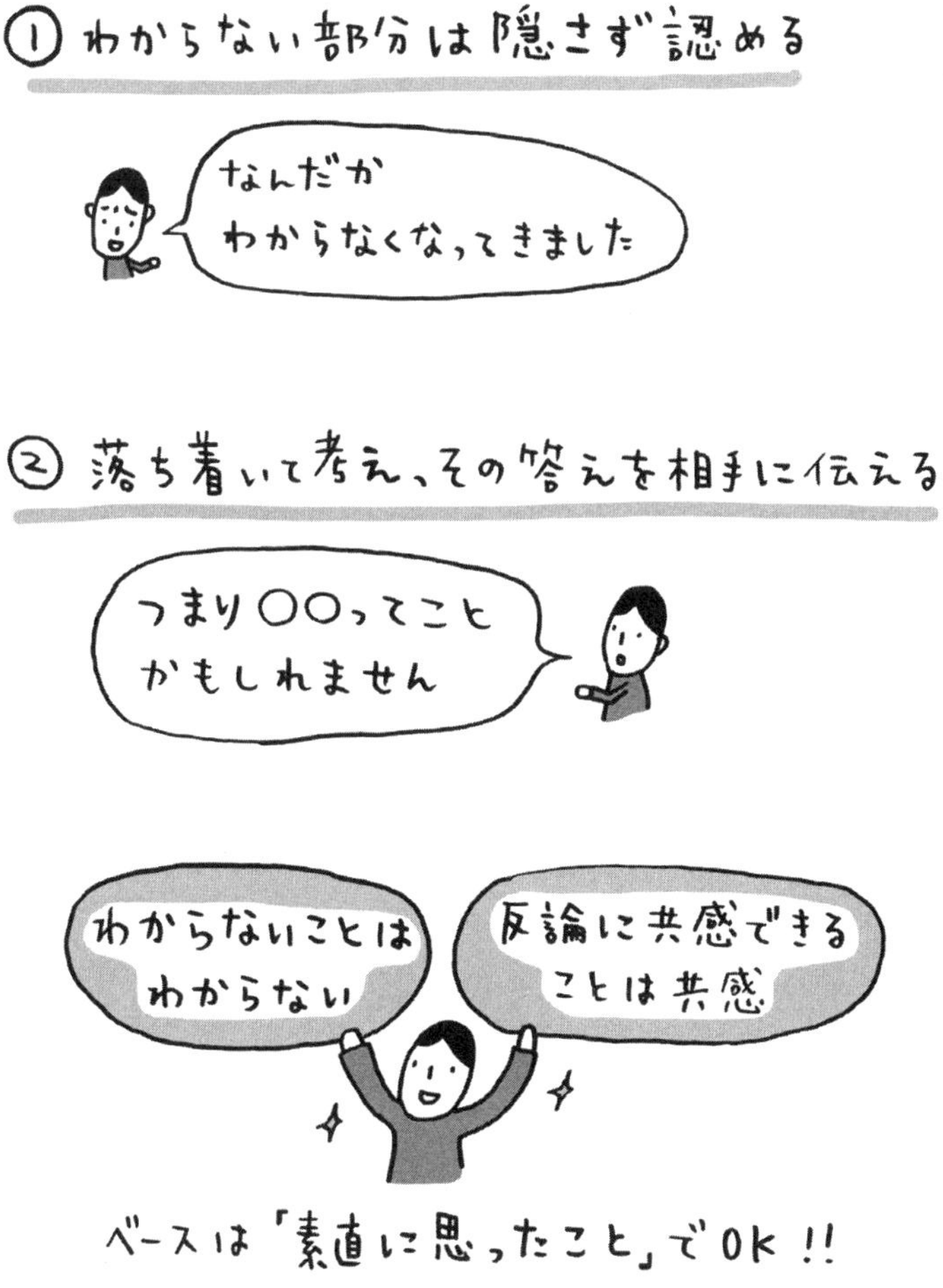
① わからない部分は隠さず認める
なんだか
わからなくなってきました
② 落ち着いて考え、その答えを相手に伝える
つまり○○ってこと
かもしれません
わからないことは
わからない
反論に共感できる
ことは共感
ベースは「素直に思ったこと」でOK!!

「話し方の常識」を意識しないほうがスラスラ話せる

一般の人向けの本を参考にしてもハードルがより高く感じるだけ

書店には、「話し方」に関するレクチャー本がたくさん並んでいます。しかもその手の本は、時代や流行に関係なく、次から次へと発売されます。

ということは、それだけ「うまく話せない」と悩んでいる人が多いのでしょう。

ちなみにそうした本で提案されている内容には、いくつかの共通点があります。

- 大きな声で話そう
- 滑舌よく話そう
- 笑顔で話そう
- 表情豊かに話そう
- アクションはオーバーなくらいがちょうどいい
- 理路整然と伝えよう

ここで考えてみてほしいのです。これらはたしかに重要で、こういうことをしっかり実行できれば、間違いなく伝えたいことを相手に伝えることができるでしょう。

でも、現実的にこれらすべてを実現できる人は圧倒的に少ないはずです。

しかも、「普通にコミュニケーションができる人たち」ですらそうなのです。だとしたら、**コミュ障にとってはさらに高いハードルだということになります。**普通の人にすら乗り越えられないハードルを、コミュ障にも強いるのはいかがなものでしょうか。

何度も書いてきたように、大切なのは「できない自分を受け入れる」こと。**レクチャー本のとおりにやってうまくいかなかったとしても、それで当然。**落ち込む必要などないし、落ち込む暇があったら、「自分なりの」解決策を探してみればいいのです。

では、そのためにはどうすべきなのでしょうか？

難しそうにも思えるこの問いに対する答えは、実は非常にシンプルだと僕は思っています。早い話が、レクチャー本の主張の「逆」をいけばいいのです。先ほどの例で考えてみましょう。

- 大きな声で話さなくていい　↓　そもそも大きな声を出せないのだ
- 滑舌よく話さなくていい　↓　そもそも滑舌が悪いのだ
- 笑顔で話さなくていい　↓　コミュ障に笑顔を強制するのは無謀
- 表情豊かに話さなくていい　↓　感情表現は苦手なのだ
- アクションはオーバーじゃなくていい　↓　オーバーなアクションなんて恥ずかしくてできない
- 理路整然と伝えなくていい　↓　伝えるだけで精一杯です

現実的には、大きな声を出せなくたってコミュニケーションは可能です。滑舌が悪くたってなんの問題もありません。

感情表現が苦手な人が、無理に笑顔をつくろうとしても自爆するだけです。慣れないオーバーアクションなんかしたら、取り返しのつかないことになるかもしれません。

理路整然と伝えられなくたって、要は最終的に伝わればいいのです。

大切なのは誠意です。伝え方が下手だっていいじゃないですか。

むしろ、**どこから見ても話し下手な人が、一生懸命伝えようとしている姿は間違いなく聞き手に感銘を与えます**。そして、記憶に刻み込んでくれるでしょう。うまく話せる人よりも、よっぽど強烈に好印象を残すことができるのです。

これは極論でもなんでもありません。誠実に、できることを精一杯すれば、必ず結果に結びつきます。それが、コミュ障の人なりの、コミュ障の人にしかできない最良の伝達法なのです。

「名スピーチのコツ」も参考にしないほうがいい

同じことは「スピーチ」にもいえます。

本書を手に取られている方のなかには、仕事でプレゼンテーションや講演をしなければならない方もいらっしゃることでしょう。

そして、もしコミュ障だという自覚があるのなら、きっと悩みを抱えているはず。そんな自分をなんとかしようと、よく見かける**「プレゼンのためのトーク術」**というような本も読まれているかもしれませんね。

それらの本には、大きな感銘を与えてくれる内容がたくさんあります。だから読み終えたとき、なにかを成し遂げたような気分になるかもしれません。自分にもできるような気分になるかもしれません。

しかし残念ながら、それとこれとは話が別です。

普通に考えてみれば、スティーブ・ジョブズやイーロン・マスクやシェリル・サンドバーグのような名スピーチが、誰にでもできるはずはないのです。

ましてやコミュ障なのであれば、「彼らのようにできない」ことにショックを受けてしまうことになるかもしれません。

でも、ご心配なく。できなくていいのです。

なぜなら、名スピーカーたちのスタイルだけが、スピーチのやり方のすべてではないからです。

どんな人のなかにも、スティーブ・ジョブズとは違う「自分なりのスピーチの仕方」があるはずなのです。だからこそ、「彼らのようにできない」ことを気にするのではなく、自分なりのスタイルを少しずつ見つけていけばいいだけのこと。

それは、メソッドやマニュアルをなぞっただけで身につくものではありません。自分の人生経験が、説得力あるスピーチを生み出すのです。ですから当然のことながら、声の大きさや話のうまさも無関係です。

- ＴＥＤに登壇するような名スピーカーのスピーチは、あくまで参考程度のものと考えるべし
- 名スピーカーと自分を比較するのはナンセンス。どちらが上でも下でもなく、どちらにも価値があるのだから
- 苦手なのであれば、無理に表情やアクションを意識しなくていい
- 動かしたくない手を動かす必要もないし、慣れないジェスチャーも不要
- 自分がモニターにどう映っているかというようなことばかりを意識していたら、話に身が入らなくなるかも
- 体の向きを効果的に動かすことを考えている暇があったら、「いかに伝えるか」に神経を集中したほうがいい

名スピーカーの立ち居振る舞いには相応の根拠があり、だからこそ説得力を生むことは事実です。しかし、だからといって同じことを無理にやってみたところで、その行ないが自分の身の丈に合っていなければ、それは自分のものにはなりませんし、説得力にもつながりません。

世界を感動させる名スピーカーに憧れることも大切ですが、**まずはコミュ障というハードルを越えていきましょう。**

名スピーカーという目標が目の前に現れるのは、そこから先の話。いつか考えればいいことです。

やがてそこに到達したころには、自分のスタイルを身につけることができているかもしれません。だとしたらなおさら、名スピーチにばかり執着する意味はあまりないのではないでしょうか？

「3ステップの常識」を無視すると自分の幅が広がる

「効率的な伝え方のコツ」にも縛られなくていい

スピーチの仕方を説いた本には、

1：前置き
2：本論
3：まとめ

という「3ステップ」の重要性を強調しているものがよくあります。

まず、1（前置き）では、「今日は〜についてお話しします」というように、スピーチの内容をざっと説明する。そうすれば、聴衆は心の準備ができるという考え方です。で、そうしたうえで、2（本論）に入る。ここでは、話すべきことを話せばいいわけですね。

そして最後、3（まとめ）の段階で、話したことを簡潔にまとめる。

こうしたステップを踏めば、聴衆を飽きさせることなく、集中力を維持させることが可能。しかも最後に話すまとめの内容はいつまでも記憶に残る、というものです。

もちろん、このメソッドには「なるほど」と納得できる部分が大いにあります。

事実、名だたるスピーカーたちによるスピーチの多くは、このような構造になっているものが多く見られますし。それ自体を否定するつもりはありません。

ただ、コミュ障の人は、コミュニケーションにおけるこうした戦略が苦手なはずです。**「そりゃ〜、できればやるけど、できないから困ってるんだよ」**。いわば、これがコミュ障の悩みの原点です。やる気がないのではなく、できないのです。

だとすればコミュ障の人は、この「3ステップ」とどのように向き合えばいいのでしょうか？

この問いに対する答えも、非常にシンプルです。**無視すればいいのです。**

「なにを無責任な！」と怒る方がいるかもしれませんが、できないことを強制するほうがずっと無責任です。

それより大切なのは、「できることをする」こと。そこからスタートして、自分のペースで少しずつ、「できることの幅」を広げていくべきなのです。

そこで、コミュ障としての立場からスピーチに向き合おうという場合は、まず次のことを実行に移してみましょう。

- 効率を無視する
- 完璧を目指さない
- 「完璧ではない自分」を受け入れる
- 開きなおる

効率的なプレゼンテーションも、コミュ障にとってハードルの高すぎる話です。世の中にはいろいろな人がいるのだから、本来であれば「できる人」と「できない人」がいて当然。にもかかわらず「できる人の方法論」だけを押しつけるのは、かなり無理のある話です。

できる人はやればいいでしょうが、できない人には「やらなくてもいい」という選択肢もあります。そこを出発点として、自分にとって最良の策を探すべき。そのためには、まず「効率を無視する」必要があるでしょう。

それは恥ずかしいことではありません。自分が「そういうタイプ」だというだけのことなのですから、「そういうタイプ」の自分にできることをすればいいわけです。

「完璧ではない自分」を受け入れることはとても大切です。そのように開きなおってしまえば、次に「自分にとって心地よい状態」が見えてきます。

心地よさはマニュアル化できるようなものではないので、答えはひとりひとり違います。でも、**「座って話そう」とか、「マスクをしよう」とか、なんでもいいのですが、自分なりのベストな方法がいつかきっと見つかるはず**です。

堂々と恥をかこう！

さて、「自分にとって心地よい方法が見つかったかもしれない」という曖昧な段階に進んだ時点で、意識すべきことがあります。

まだ「確信」がなくていいのです。「これかも」という程度の気持ちのままでいいのです。そのままの状態で、それを実行に移してみるのです。

もちろん、無謀なことを書いているということは認めましょう。なにしろ、漠然とした状態で実行に移すとしたら、失敗したり、恥をかく可能性も大きいからです。

恥をかくことは、ある意味においてコミュ障にとって最大の危機。「できれば避けたい」どころか、「なんとしてでも避けたい」だろうと思います。

でも、たしかにハードルは高いかもしれませんけれど、恥をかくことにはとても大きな意味があります。いうまでもありませんが、**「二度と同じ恥はかきたくない」と思うからこそ、知らず知らずのうちにワンステップ上がれる**からです。

これは特に目新しい考え方ではなく、過去に多くの人が主張してきたことかもしれません。しかし、多くの人が主張してきたということは、その考え方に認める価値があるということでもあります。だから、やってみるべきなのです。

それに、「恥をかく」ことに関しては、次のことを知っておくべきです。

- 自分が思っているほど、人は自分に興味がない（恥をかこうが、そんなことはどうでもいいと思っている）
- つまり、恥をかいてもすぐに忘れられる可能性が高い（そもそも最初から記憶に残っていないことも少なくない）
- 恥をかいてもさほど大ごとにはならないのに、自分ひとりであたふたしたら、恥をかいたことを自らアピールすることになってしまう
- だったら恥をかいたとしても「なかったこと」にしておくほうが精神的にずっと楽（もちろん聴衆にもデメリットはない）
- つまり恥をかくことは、別にどうということもない
- むしろ、恥をかいて恥を知ることができるのだから、どんどん恥をかくべき

そう、ここでもやはり「受け入れて」「開きなおる」ことが大切なのです。

大丈夫です、誰もこちらのことになんか興味はありません。

あえてそう断言してしまうのは、2つの理由があります。

まずは、それが絶対的な事実であるということ。

もうひとつは、そう考えていたほうが気持ちが楽になるということ。

そういう意味では「大したことではない」という言葉を、重く受け止めて損はなさそうです。

第4章

シチュエーション別アドバイス

混乱したら「ジャーナリング」を活用してみよう

アナタは「ちょいコミュ障」？
それとも「かなりコミュ障」？

まずは自分の「タイプ」を知ろう

この章では、さまざまなシチュエーションに応じた**コミュ障のためのコミュニケーション法**について考えていきたいと思います。

そもそもコミュ障は、「これがコミュ障だ」とひとつのスタイルだけに限定できるものではないはず。そこで、「まずは自分がどんなタイプのコミュ障なのかを確認しておきましょう」ということです。

もちろんちょっとした目安にすぎませんが、「コミュ障であることを自覚したライフスタイル」を貫くためには、タイプ別のヒントを利用するのが効果的です。

ちょいコミュ障〈深刻度★〉

- 日常会話はほぼ問題なし。ただし本人は自信があまりなく、自己否定意識も少々。そのため、たまに「俺、コミュ障かも」と悩んだりする
- 会議やプレゼンはもちろん苦手。でも、仕方がないと割り切っている
- コンビニの店員など、知らない人と話すときには緊張してしまい、うまく笑顔を出せなかったりする
- スタバのようなカフェは苦手だが、行く必要のあるときはＭａｃＢｏｏｋを持参して作業に集中

〈意識したいこと〉

□考えすぎない
□今回の失敗は次のために活かそうと前向きに考える
□相手はそれほど気にしていないということを記憶にとどめておく

中堅コミュ障〈深刻度★★〉

- ◯日常会話では、しばしば緊張のあまり早口になってしまう。ただし、本人は深刻に考えているが、周囲はそれほど気にしていない
- ◯会議やプレゼンは大の苦手。なんとかうまく話そうと努力しているつもりだが、なかなかうまくいかない
- ◯コンビニの店員など、知らない人と話すときには暴走しがち。やはり早口になったり、本心とは裏腹に無愛想になってしまったりして後悔する
- ◯スタバのようなカフェはもちろん苦手。ああいう場所でＭａｃＢｏｏｋを開いてみたいと思うこともあるが、自分のは会社から支給された旧型のＷｉｎｄｏｗｓパソコンなのでなんとなく断念

〈意識したいこと〉

- □ひと呼吸置き、落ち着いて話すようにする
- □今回の失敗は次のために活かそうと前向きに考える
- □知らない相手は自分の敵ではないことを常に意識する

かなりコミュ障〈深刻度★★★〉

○緊張しすぎて突拍子もない発言をしたりするため、日常会話で浮くことが多い
○会議やプレゼンが近づくと体調がおかしくなる。当然、うまくこなせるはずもなく、周囲ももはや期待していない
○コンビニの店員など、知らない人と話すことに大きな恐怖心がある。そのため、なるべく相手から視線をそらし、話さないようにする。話さなければならないときは早口になったり噛んだりして、まず間違いなく失敗する
○意識高い系の人たちが大の苦手なので、スタバのようなカフェに行くことはない。打ち合わせなどで誘われたときは、なんとかいいくるめてドトールにしてもらう

〈意識したいこと〉

□自分の失敗など誰も気にしない、それどころか自分に対してそれほど興味もないということを（前向きな意味で）気にとめておく
□昨日できなかったことを今日できるようになろうと考えるなど、「小さな努力」をする習慣をつける。ただし、達成できなくても、すぐに忘れるようにする
□「コミュ障でも命を取られるようなことはない」ということを呪文のように頭のなかでリフレインさせる

実のところアナタのタイプが何であろうとあまり関係ない

さて、みなさんはどのタイプだったでしょうか？　100％合っているかどうかは別としても、どれかに当てはまったのではないかと思います。

でも、よく見てみると気づくことがあるはず。この3タイプの違いは「症状が軽いか重いか」だけ。問題点（本人にとっての悩み）には、さほど違いがないのです。

「いや、違う！　俺はひどいコミュ障なんだ。そういう俺の気持ちをお前はわかってない！」と思われたとしたら、ひとつのキーポイントが浮かび上がります。

それは、自分自身にも多少の問題があるということ。

「自分は違うんだ」と特別扱いすれば気は楽になるでしょう。けれど、それは**逃げでしかない**のです。

何度も書いてきましたが、大切なのは「ダメな自分を受け入れる」こと。そう思うことができれば「突破口」を見出すことができるわけです。

ちょいコミュ障

スタバは苦手だがMacBookで作業可能

中堅コミュ障

日常会話でしばしば緊張のあまり早口になる

かなりコミュ障

会議やプレゼンが近づくと体調がおかしくなる

やがては会議やプレゼン、電話での会話など、さまざまなコミュニケーションに対する抵抗も薄れていくはずなのです。

ところで、「コミュニケーション」といっても、スタイルや内容は多種多様。それどころか、思ってもいなかったようなことが次々と起こったりもするので厄介です。だから余計に「面倒だな〜」という気持ちになってしまうわけですが、とはいえ仕事である以上、「逃げ道がない」状況はどうしても訪れます。

むしろ、〝思ってもいなかったようなこと〟は起こって当たり前なのです。

ただ、**「ヤバい」ことになったからといって、故郷のおばあちゃんのお葬式に何度も出席するわけにはいきません。**年がら年中、インフルエンザやノロウィルスにかかることもできないでしょう。

社会人である以上、好むと好まざるとにかかわらず、コミュ障であろうがなかろうが、コミュニケーションを避けることはできないのです。

つまりは、受けて立つしかないのです。逃れられないのであれば、それは仕方のないことです。

だとすれば重要なのは、「そのとき、どう立ち回るべきか」ではないでしょうか。

そこで重要な意味を持ってくるのが「準備」です。

「こういうときにはこう動こう」というように、訪れるであろう状況をあらかじめ想定し、予防線を張っておくわけです。

もちろん、予防線を張ったからといって完璧な状態になるわけではありませんし、そこでまた想定外の事態が起こることも考えられます。

しかしそれでも、**準備をしておけば、ある程度は失敗を防ぐことができる**のです。

そこで、ここからはシチュエーションごとの対処法を考えてみたいと思います。

重要なのは、まず原点に立ち戻ること。スタートラインに立ち戻ってみれば、必要なことが見えてくるからです。

では、次ページ以降で、それぞれのシチュエーションで「求められるべきもの」をおさらいしながら対策を考えていきましょう。

会議・プレゼンテーション（集団を相手にするときは？）

「声以外」の要素を重視して乗り切る

居並ぶ社員たちや取引先の方々の注目を集めながら、企画会議やプレゼンで自分の企画や意見を発表する……。

考えてみただけで頭が痛くなってきます。

そんなときには誰だって、多少なりとも緊張するもの。

「俺、人前で話すの得意なんで！」と豪語する人もいるかもしれませんが、そういう人だって、実は心のなかでそれなりにビビってはいるはず。むしろ**「ビビッて当たり前」であり、緊張しないほうが不自然**なのです。

普通の人でもそうなのですから、コミュ障の人の場合は、さらにそのプレッシャーは大きなものになって当然です。

1対1でも緊張するのですから、仮に会議に20人が参加していたとしたら、緊張の度合いも20倍になってしまうわけです。

なのに平気な顔をしていられるとしたら、そのほうがよっぽどどうかしています。そもそも、そこで平然としていられるのであれば、その人はコミュ障ではないということになるでしょうし。

ということで、企画会議を乗り越えるために、そこで「求められるべきもの」をまとめてみましょう。

●企画会議に求められるべきもの

1：多くの人に理解できるように、企画をわかりやすく説明する
2：多くの賛同を得られるように、企画のメリットや魅力を訴える
3：最終的には、その企画を通す

企画会議に求められるのはこの3点。端的にいえば共感を得ることが必要になってくるわけです。だとすれば、企画を提案する人には次のことが求められるでしょう。

●企画提案者に求められるべきもの

1：多くの人に伝わりやすい発声
2：どんな性格の人にも理解しやすい解説
3：どんな価値観の持ち主にも共感してもらいやすい伝達法

見事にコミュ障の人が苦手なことばかりです。

でも、そこに注目すべきポイントがあります。どのみち大きく聞きやすい声なんか出せないし、コミュ障なんだから「理解しやすい解説」なんかできるわけがない。

ましてや、さまざまな人に共感してもらえるような伝達法を駆使するなんて、イリュージョン並みに無理な話。それは事実なのです。

そこで、まずはそんな自分を受け入れることが大切。そしてそのうえで、「では、自分にはどんなことができるだろう」と考えてみればいいのです。

多くの人に伝わりやすい発声（引っ込み思案なんだから無理な話）
←
大きな声が出せないなら、「声」について自分にできることはなんだろう？
←
声が無理なら、「見せること」を重視しようという発想
←
大きく見やすいプレゼンボードやパワーポイントを用意し、視覚的にアピール。そこに必要最低限のシンプルな解説を加える
←
つまり、「声以外」の要素、すなわち「視覚要素」を重視することを考える

できないことがあるのなら、「それよりはできること」を選択すればいいという発想です。

もちろん自信が持てるに越したことはありませんが、それほど自信が持てなかったとしても問題はないと思います。

要は「できないことよりも多少はできること」があれば、それは「できないこと」を気にせずに物事を進めるためのエンジンになりうるわけです。

打ち合わせ（面と向かって対峙するときは？）

中途半端に媚びたりせずひとかけらの興味を持つ

1対1で顔を突き合わせて行なう打ち合わせにも、コミュ障を悩ませる面倒くささがあることは否めません。

なぜなら、仕事における1対1の打ち合わせでは、大まかに考えても次のようなことが求められるからです。

1：相手と同じ（か、それに近い）価値観や考え方を共有すること。もしくは、そんな状態を目指すこと

2：媚びへつらう必要こそないものの、相手を不快な気分にさせないように最低限の配慮はすること

3：可能であれば相手の人間性に興味を持ち、肯定的に捉えること

1対1ということは、複数の聴衆を目の前にしているときよりも、相手との関係性が深くなることを意味します。

多少の語弊はあるものの、**「ダマシが効かない」状態**だということです。

ましてやそこに仕事における共通の目標が存在するのであれば、価値観や考え方を共有することは決して避けることができないでしょう。

だからこそ意味を持つのが、相手との良好な関係性です。

といっても当然ながら、中途半端に褒めたり媚びたりする必要はありません。

そもそもそれは、コミュ障の人にとっては苦手なことでしかなく、そうでなくても

打ち合わせは、うわべの媚びで進められるほど単純なものではありません。

では、どうしたらいいのか？

まず最初にできることは、**相手に対する最低限の配慮**です。

それは媚びとは違います。相手が気をつかってくれていることを感じ取って感謝の意を示したり（恥ずかしくてそれができないなら心のなかで感謝するだけでも意味はあると思います）、相手に対して失礼に当たらないことを「自分なりに」考えてみるだけでもいいのです。

そこで大きな意味を持つのが65ページでご紹介した考え方。すなわち、「相手に興味を持つ」ことです。

苦手に見える相手であろうが、好きになれないタイプであろうが、なんらかの興味をひとかけらでも持つことができれば、そこが突破口になります。

つまり、興味が持てれば、マイナスの状況をプラスに転化することも不可能ではないのです。

広告代理店時代に、こんなことがありました。

あるクライアントのところへ、営業担当者（仮にBさんとします）と一緒に打ち合わせに行ったときの話です。

すでに契約書を交わしていたクライアントなのですが、僕が制作の話をするために同行したところ、あからさまに否定的な態度を取られたのです。

わかりやすくいうと、「君には興味ないから」と無言で訴えているような感じ。


しかし僕のことを嫌っているというよりは、その契約をしたこと自体に不満があるように見えました。

「なんで俺がこんなことやんなくちゃいけないんだよ」とでもいうような。

とはいえ、それは僕には関係のない話。僕の目的は広告をつくることであり、その人がどれだけ否定的な態度を取ろうとも、広告はつくらなければならないのですから。


そのとき僕は、「どんなことがあっても媚びは売るまい」と思いました。**媚びてどうなるものでもないだろうし、そんなことをしてまで相手に好かれたくはなかったからです。**

した。

その代わり、こちらに**「いい仕事をしたい」という意思があることを態度で示しま**

その広告物についての自分の考え方をストレートに伝え、必要とあらば相手の意見に反論もし、早い話が「生意気な人間」になったということ。

「そんなことをしたら相手から嫌われてしまうのではないか」という思いもないわけではありませんでしたが、その時点ではすでに嫌われていたので、**「だったら無駄に気をつかう必要はないじゃん」**と開きなおったのです。

正直、「ここまで大きな顔をしちゃったんだからもう無理かな？」と感じたりもしたのですが、結果は正反対のものとなりました。

相手は僕に「やる気」があることを感じてくれ、だんだん認めてくれるようになったのです。しばらくすると、その人と2人で顔を突き合わせ、長い時間をかけて誤字チェックをするようにまでなりました。

あのときの僕は、決して上手な立ち回りをしたわけではなかったと思います。要領のいい人であれば、もっとスマートな方法をとったでしょうし。

しかし、**そもそも「ベストなやり方」などない**のです。

別な言い方をするなら、「ベストな型」は存在せず、ひとりひとりのなかに、それぞれのベストな方法があるということ。

そう考えることができれば、気も楽になりますし、1対1の打ち合わせもそれほどつらいものではなくなるのではないでしょうか？　自分自身の体験から、僕はそう感じるのです。

電話（見えない人を相手にするときは？）

話しながら書く「リラックスメモ」の実践を！

先に白状しておきますが、こうした本を書いてはいるものの、**僕はいまでも人と電話で話すのは大の苦手です。**

電話の向こうにいるのが知り合いであろうと、一度も会ったことのない他人であろうと同じ。顔が見えないとそれだけで不安な気持ちになりますし、自分の気づかいや考えなどを冷静に伝えることができなくなってしまうのです。

相手やシチュエーションによって多少の違いはあるものの、大まかにいえば次のような感じになるのではないでしょうか。

◎知らず知らずのうちに早口になってしまう（もともと滑舌が悪いので、なんだかもう大変なことに）

◎早口になってしまい、しかしそれを瞬時には修正できないものだから、余計焦りが大きくなり、言葉はさらに不明瞭なものに

◎焦りが「自分がなにを伝えたいのか」ということを忘れさせてしまうことがあるので、そんなときには頭のなかが真っ白な状態に

つまりは余裕を失い、過度に緊張するわけです。

相手の顔が見えない

↓

そのことを意識した瞬間に不安が拡大

↓

急ピッチで余裕を喪失
←
しかし話さなければならないという過酷な現実
←
必要以上な早口状態に
←
「話すべきこと」がわからないまま話し続ける
←
自分がなにを話しているのかさえわからなくなる

しかも、電話は話すだけではなく、相手の話を聞く必要もあります。相手の話を分析し、次に返す言葉を考えなくてはならないのです。

それがコミュ障にとって高すぎるハードルであることは、いうまでもありません。

とはいえ、話さなければならないのです。では、どうしたらいいのでしょうか？

この電話については、自信を持っておすすめしたい方法があります。僕が考えた

（というほど大それたものではありませんが）**「リラックスメモ」**がそれ。早い話が、「書く」のです。厳密にいえば、**「話しながら書く」**のです。

つまりはこういうことです。

1　電話で話すにあたり、すぐ手に届くところに紙とペンを用意しておく
2　不安であれば、「伝えなくてはならないこと」をあらかじめ書き出しておくのも可
3　相手との電話越しの会話が始まったら、聞きながら、あるいは話しながら、思ったことや感じたことを紙の上に書きなぐる

たったこれだけです。

2に関しては、特にご説明する必要もないでしょう。伝えるべきことを整理してまとめておけば、緊張してもすぐにそれを伝えることができるというだけの話です。

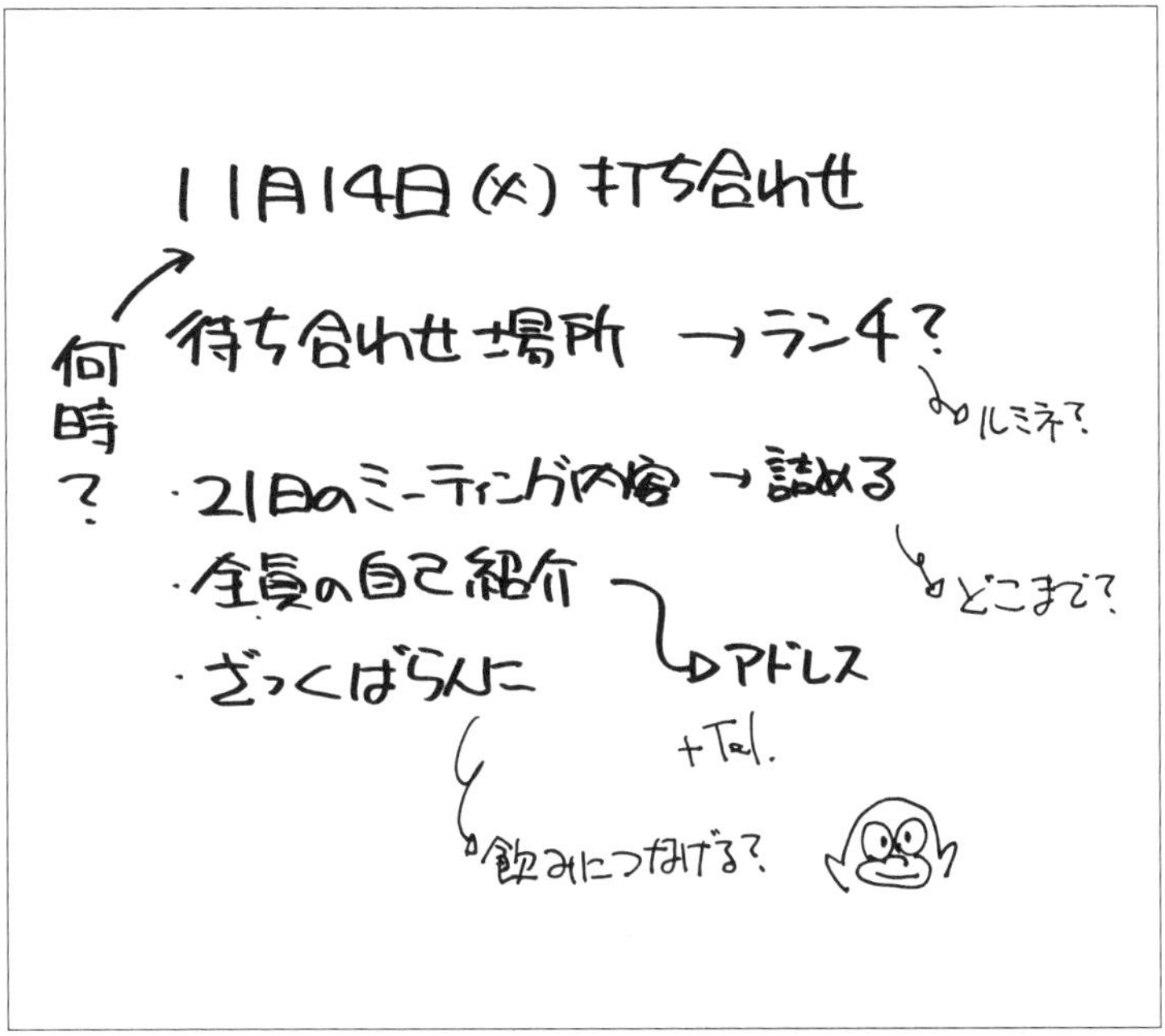
11月14日(火) 打ち合わせ
何時?
待ち合わせ場所 → ランチ?
ルミネ?
・21日のミーティング内容 → 詰める
どこまで?
・全員の自己紹介 → アドレス
+Tel.
・ざっくばらんに
飲みにつなげる?

complex

しかし、この方法の重要なポイントは3にあります。

しかもこれは、相手との会話のなかの重要な部分を書き出せという意味ではありません。

もちろんそうしたことを書いておくことにも意味はありますし、それができて効果を期待できるのであれば、したほうがいいに決まっています。

でも、このアイデアに関していえば、本当の目的はそれではないのです。

試していただきたいのは、**話の内容と関係ないことでもいいので、瞬間的に頭に思い浮かんだことをペンで書き出す**ということ。

相手に対する共感や反論、愚痴などでも、あるいはまったく関係ない言葉でも、点でも線でも落書きでも、思いついたことを書いてみるのです。

つまり目的は、インプットとして「記録する」ことではなく、アウトプットとして「吐き出す」こと。

電話中に頭に浮かんだ脈絡のない思いを書き出すことによって、気持ちをリラックスさせるわけです。

ちなみに、この方法は意外な効果をもたらすこともあります。書きながら聞き、話していると、話の内容をより鮮明に記憶できるのです。

それを科学的に解説できるだけの知識を僕は持ちませんが、経験的にいうと、その瞬間に書いていたものの映像が、話の内容とリンクするのです。

そのため記憶に残りやすく、このやり方には、

リラックスできる　＋　記憶に残りやすい

というメリットがあるわけです。ぜひ一度、試してみてください。

メール、SNS（記録が残ってしまうときは？）

暴走しやすいツールだからこそ角が立つ表現に要注意

1990年代にメールが普及したとき、僕はこのツールに大きな可能性を感じました。なにしろ電話が苦手ですから、それまでは**「うまく伝えられなかった……」と落ち込むことが日常茶飯事**だったのです。

ところが、メールを利用するようになってから、意思伝達はそれ以前よりもたやすいものになりました。その結果、仕事の幅も広がっていったように思います。

さらにツイッターやライン、インスタグラム、フェイスブックなどＳＮＳ（social networking service＝ソーシャル・ネットワーキング・サービス）の時代になると、その利便性はさらに高まりました。

伝えたいことをすぐに伝えられるＳＮＳは、現代人のコミュニケーションに欠かすことのできないツールだといえます。

僕も最近では仕事にフェイスブックをよく利用しています。メールですら「面倒だ」と感じさせるほど、それは簡単に利用できるからです。

コミュ障の立場から見ても、メールやＳＮＳには大きなメリットがあります。それは「確認できる」こと。

当然のことながら、電話は緊張状態でしゃべったことが、そのまま相手に伝わってしまいます。「うまくいえなかった」「誤解されそうなことを口走ってしまった」といったことが少なくないわけです。

しかし、メールやＳＮＳの場合は、**送る前に読み返すことができます**。誤解されそうな箇所が見つかれば、修正することもできます。自分の思いをかなり正確に伝えることができるわけです。

ただし、メリットばかりではありません。

最大のリスクは、つい感情的な文章表現になってしまいがちだということです。

事実、メールやSNS上において、角が立つ表現を用いる人は少なくありません。

ネットリテラシーが高まったせいか、以前に比べれば少なくなったような気もしますけれど、それでも**メールやSNSが「暴走しがちなツール」であることは間違いなさそうです。**

しかも特徴的なのは、メールやSNS上で攻撃的な人が、会ってみたら腰の低い〝いい人〟だった、というようなことが往々にしてあること。実際には悪意がなかったとしても、オンライン上ではついつい勢いで熱くなってしまいがちなのでしょう。

僕自身も失敗した経験があるので、それがどれだけ危険なことであるかは手に取るようにわかります。

でも、いっときの感情に任せて人間関係を崩壊させてしまうのだとしたら、これほどもったいない話はありません。

ましてやコミュ障にとって、メールやSNSは重要な意思伝達ツール。だからこそ、細心の注意を払う必要があるのです。

- 勢いに任せ、書きたいことを書くのは基本的にＯＫ
- ただし、文章の事前チェックや推敲は不可欠
- もし少しでも誤解を受けそうな箇所があったら必ず修正する

この程度の最小限のことを習慣化するだけでも、トラブルはかなり避けることができると思います。

メールの文字量からコミュ障が学ぶべきこと

それからもうひとつ。特にメールにいえることなのですが、「文字量」についても意識しておく必要があると思います。

ときどき、**メールで長文を送ってくる人がいますが、それは手段としては不適切です。**理由は簡単で、ビジネスパーソンは常に時間に追われているから。相手のことを

好きか嫌いかは別としても、現実問題として、画面を何度もスクロールしなければ全文を読めないようなメールのために時間を浪費したくないでしょう。

僕が見てきた限り、長文メールを送ってくる人は、たいてい真面目なタイプです。真面目だからこそ、「伝えたいことをもれなく伝えなきゃ！」という気持ちが先に立つのです。そして、その結果としてメールがどんどん長くなっていきます。

しかし、長いメールの内容をすべて相手に理解してもらおうとしても、それは不可能な話です。時間の問題をさておいても、**「メールが長くなってしまった事情」は、読み手にはまったく関係のないこと**だからです。

そう考えるとメールの長い人は、「相手の立場に立っていない」ということになるはず。自分の事情を優先しているからこそ、メールが長くなってしまい、その内容をきちんと理解することを相手に求めてしまいがちなのです。

しかし的確に伝えたいのであれば、本当に大切なのは、簡潔にまとめること。それ以外にありません。画面をスクロールさせることは、相手に不必要な手間をかけさせることになってしまうと認識すべきなのです。

パソコンの場合は画面に表示された範囲内で文章を完結させることがベスト。相手がスマホや携帯でメールを確認するとしても、スクロール回数はなるべく少なくて済む文字量にすべきだと思います。

つまりは、「簡潔」であることがなによりも重要だということです。

実をいうとこれ、コミュ障の人のコミュニケーション全般にあてはまることでもあります。

メールが長い人がコミュ障であるとは限りませんが、その逆は考えられます。もちろん全員がそうだとは断言しませんけれど、実際のところ、**コミュ障の人は長文メールを書いてしまう人が少なくない**のです。

だとすれば、コミュ障の人が「メールが長い人がクリアすべきハードル」を越えることができれば、コミュニケーションに関する多くのことをクリアできることになるはずです。
そこで改めて、「メールが長い人がクリアすべきハードル」を列記してみましょう。

〈メールが長い人がクリアすべきハードル〉

- 感情的な表現を避ける
- 伝えたいことを簡潔にまとめる
- 難解な表現や言い回しを避ける
- 「読みやすいか？」「長ったらしくないか？」など、すべてにおいて〝相手の身になって〟書く
- 書き終えてから必ず読み返し、不適切な表現などをカットする

ざっとまとめるとこんな感じですが、これらがメールだけではなく、**コミュニケーション全般についていえる**ということがおわかりいただけると思います。
つまり日常生活のコミュニケーションにおいても、こうしたことを意識する習慣をつければ、多少の時間はかかったとしても、いずれコミュ障を少しずつ脱却できるのではないでしょうか。

プライベート（素の状態で対峙するときは？）

予期せぬ人間関係への対策を用意しておく

プライベートの人間関係におけるコミュニケーションは、比較的楽にこなせそうな気もします。

しかし現実的には、それほど簡単なものでもないでしょう。なぜならプライベートの空間内にも自分と違う価値観の持ち主が入ってくることはありうるからです。

仲間内での飲み会をイメージしてみてください。どこかの居酒屋で、ざっくばらんに盛り上がろうというような場合にも、見ず知らずのメンバーが加わることは十分に考えられます。

だからといって心を閉ざすわけにもいきません。いろいろな状況があるのですから、そのような予期せぬ人間関係にも耐えられる精神力と逃げ道を用意しておきたいところです。

しかし、深刻に考える必要はまったくありません。

ここまでに書いてきたように、気負うことなく〝素のままの状態〟でいればいいだけの話だからです。

居酒屋での飲み会であれば、自分の枠を超え、大勢にウケるようなことをしてみるなど、**「できるはずがないこと」をやろうとするからストレスになる**のです。

やっても失敗するだけですし、本心はしたくないはず。なのに、「こういう場に来たら〝なにか〟をしなくては」と余計なことを考えるから苦しくなってしまうのです。

飲み会の席においても、コミュ障の人がいるべき場所は必ずあります。隅のほうで、盛り上げてくれる人たちの話を**「聞く側」としての時間を楽しめばいい**のです。それも立派なコミュニケーション手段です。

こういう話を知人にしたら、「そんなのミジメじゃん」という答えが返って来たのですが、なぜ、ミジメなのでしょうか？

それは、「みんなから注目されない」からでしょうか？　注目されないから、注目されている人と比較して「ミジメだ」と感じるのかもしれないということです。

どうしても注目されたいのであれば、思い切ってなにか発言してみればいいだけの話です。そこで白けさせて失敗する可能性は大いにありますが、ここで重要な点があります。

「飲みの席でウケ狙いをした結果、失敗した」というようなことは、コミュ障であろうがなかろうが、誰でも一度や二度は経験しているものだということです。

いわば、それは**コミュニケーションスキルを身につけていく過程で誰もが経験する〝はしか〟のようなもの。**「自分だけがミジメだ」というような気持ちになるほどのことでもなく、当たり前のことなのです。

もし隅のほうで黙っている自分を「ミジメだ」と感じるのであれば、一度、勇気を出して発言してみましょう。そして失敗し、恥をかいてみましょう。そうすれば、かなりの高確率で、「恥をかくことは、思っていたよりつらいことではない」ことがわかります。もちろん恥ずかしいことに変わりはありませんが、恥をかけばなんらかの突破口が見つかるのです。

もしかしたら、**「つまんね〜！」という誰かのツッコミが入り口となって、コミュニケーションの輪が広がるかもしれません。**

ちなみに、コンビニやショップなどで買い物をするとき、レストランで食事をするときも同じことがいえると思います。

僕も完全にクリアできていないのでわかるのですが、店員さんとのやりとりなどを、僕たちコミュ障は大げさに考えてしまいがちです。

特に相手の接客が心地よく完璧なものだったりすると、逆にそれが、「同じことをできない自分」のコンプレックスを刺激することになったりもします。そのため、（実は本心ではないのに）無愛想な態度をとってしまったりするわけです。

でも、よほど失礼なことをしない限り、相手はこちらの態度をそれほど気にしていないはずです。ただ自分だけが、過剰に敏感になっているだけなのです。

コミュ障をなんとかしたいのであれば、その大前提として〝閉じた姿勢〟は排除すべきだと思います。**うまくいかなくてもいいから、扉は開けておくべき**、ということです。そうすれば、誰かがそこから入って来て、世界が広がる可能性があるからです。

「コミュ障の自分にそんなことができるはずがないし、する気もない」と思うのであれば、僕はそこに矛盾を指摘しましょう。少なくともこの本を手に取っている方は、「コミュ障をなんとかしたい」と少なからず思っているはずだからです。

にもかかわらず「できるはずがない」と口にするのであれば、それは筋がとおっていないことになります。

「ジャーナリング」を活用してみよう

『マネジャーの最も大切な仕事――95%の人が見過ごす「小さな進捗」の力』（テレサ・アマビール、スティーブン・クレイマー著、中竹竜二監訳、樋口武志訳、英治出版）のなかに、「テキサス大学の心理学者ジェームズ・ペンベイカーは、感情を書き起こすことの利点に関する研究のパイオニアだ」という一文が登場します。

そして、ペンベイカーが推しているその行為は、一般的に「ジャーナリング」として知られています。

簡単にいえば、自分の考え、行動、会話の内容などを**思いつくまま書き出す**こと。それ以外に、こうしなければいけないというようなルールは一切ありません。

驚くほどシンプルですが、そうやって自分の内面を吐き出すことが目的。そうすることによってストレスを軽減させることができ、心も浄化できるというのです。

気づいた方もいらっしゃると思いますが、154ページに書いた「リラックスメモ」と似ています。

といっても僕の場合はジャーナリングのことなど知らず、科学的な根拠も理解しないまま、ただ思いつきでやってみただけですが、初めて試してみたとき、心が軽くなったような気がしたことをいまでも覚えています。

ですから、『マネジャーの最も大切な仕事――95%の人が見過ごす「小さな進捗」の力』を読んだときも納得できたのです。

ちなみに、いまでも気持ちが混乱したときなどに、「リラックスメモ」という名のジャーナリングを実践しています。

ところで、そんな経験があるからこそ断言できることがあります。それは、ジャーナリングはコミュ障の人にも少なからず効果があるということです。

多かれ少なかれ、コミュ障の人は心のなかにコンプレックスや悩みをため込んでいるものです。しかもそれらは、他人には理解しづらいものだったりもします。

コミュ障の人は繊細ですから、メモを書くのは「恥ずかしい」「照れくさい」などと考えてしまいがちかもしれませんが、そこはご心配なく。

なぜって自分の書いた内容は誰かに公開することが目的ではないのですから、人に見られることもないわけです。

ノートに書いたとしたら、そのノートが家族に見つかるようなこともないとはいえませんが、心配なら**エバーノートのようなテックツールを使えばいい**のです。

思いつくままに脈絡なく書くことができれば、それを読み返したとき、コミュニケーションに関する悩みについてもなんらかの気づきがあるでしょう。

自分についてのことは、自分ではなかなかわからないものです。
しかし、思いのたけを綴ってみれば、「なるほど、自分はこういうことを考えていたのか」ということが、3D画像のように浮かび上がってくるでしょう。
当然のことながら、そこにはコミュニケーションに関することも含まれます。

「そうか、自分は人と会うとき、つい構えてしまうんだな。では、どうしたらいいだろう?」

「なるほど、自分がコミュ障なのは、気づかないうちに殻に閉じこもりがちだからなのかもしれない。では、どうしたらいいだろう?」

自分を見つめるチャンスをジャーナリングは与えてくれますから、ぜひとも試してみてほしいと思います。コミュ障脱却に際し、きっとなんらかのヒントを与えてくれるはずなので。

第 5 章

心に刺さったピンの外し方

わりと派手で闇の深い半生

「コミュ障」的要素が育ってしまった理由

不幸自慢はしたくないが一般的な半生とはいえなかった

ここまで、コミュ障について個人的に思うこと、そして経験を軸として自分に書けることを書き連ねてきました。

続くこの章では、その根拠というべき「自分」のことに触れてみたいと思います。

僕自身がどうやってコミュ障を乗り越えたのか（まだ完全に乗り越えたわけではないとも思っていますが）。そして、その背景にどんなことがあったのか。それらを明かせば、少なからず本書の根拠になるはずだと考えるからです。

ただし最初にお断りしておきますが、僕はここで、いわゆる「不幸自慢」みたいなやつを披露したいわけではありません。そんなことにはまったく意味がないと思っていますし、興味もありません。

だいいち人は誰でも少なからずなんらかの過去を引きずっているもの。だとすれば、それをわざわざ自慢しようという発想自体がおかしいわけです。

それでも、「どちらかといえば一般的ではない半生」を送ってきたであろうことは、否定できないのです。

別な表現を用いるなら、**「普通の人が経験しなくてもいいことを、わりと経験してきているかもしれない」**ということ。

結果的には、それらが心のどこかに根づいてしまったため、僕のなかでコミュ障的な要素が育ってしまった気がするのです。

言い換えれば、子ども時代から青年期に至る僕の半生は「コミュ障克服のプロセス」でもあったということです。だからこそ、それは本書のコンセプトとつながっていきます。

つまり、これから書こうとしていることは、「コミュ障問題」と関係ないように思えても、実は関係があるのです。

それではさっそく、まずは僕がどんな半生を送ってきたのかについて簡単に触れておきましょう。あまり悲観的に盛り上げるようなことはしたくないので、まずは、あえて事務書類のように箇条書きにします。

- 僕が生まれる前に、兄が生後8か月で他界
- 9歳のときに交通事故にあって大怪我をし、生死をさまよう
- 17歳のとき、家が火事になって全焼

これらに付随する細々としたトラブルももちろんあるのですが、大きな出来事だけをまとめると、こんな感じになります。

これを「驚くようなこと」だと判断するか、「その程度のこと」だと思うかは、人それぞれの判断によるでしょう。それはわかっているので、不幸自慢的に強調する気

はありません。

ただ、客観的事実として、**これらの出来事が僕の人間形成に影響を及ぼすことになったのは疑いようのない事実**なのです。

障害を持っていたらしい兄は8か月にして世を去ったので、僕は彼のことを知りません。

しかし、それはともかく確実にいえるのは、第一子を亡くして以来、両親が子育てに対して非常にナーバスになっていたということです。

早い話が、「次の子は、なにがあっても死なせるまい」と敏感になっていたわけです。普通に考えれば、親として当たり前の考え方だと思います。

そのため、兄の死後に生まれた僕は、非常に（必要以上に）神経質に育てられることになったのでした。

そして結果的に、僕はいわゆる**アダルトチルドレン**となったようです。

……と書いてみて、「こういうことを書くからにはしっかりとした裏づけがなければいけないな」と感じたので、たったいま三省堂の『新明解国語辞典』でこの語を引いてみました。

というのも僕自身、この言葉をどう捉えていいのかがわからない部分があるのです。

アダルトチルドレン［adult children］

何らかの問題を抱えた親のもとで育つなどして、心理的に不安定な状態の続く成人。また、親との依存関係が強く、年齢相応の自立心にかける成人。略号はＡＣ。

後半の「また、」以降は自分とは違うなと感じましたが、前半はがっちり当てはまります。

具体的にいえば、褒められた経験がなく、それどころか否定されることのほうが多く、あとから振り返ってみれば、自分でも気づかないうちに、それが尾を引いていました。

とはいえ、**「どうやら自分はアダルトチルドレンなのかもしれない」とぼんやり自覚したのは30代後半になってから。**いまだに、母とどう接していいのかわからなくなることが日常的にあります。

ちなみに父は、どんどん悪化していく母と僕との関係を知りつつも、見て見ぬ振りをするような性格でした。社会的なステイタスはそれなりにあったようですが、精神的には決して強くなかったのです。

ただし、ここでそのことを明かしたのは、本書でコミュ障について書くにあたり、ファクト（事実）を明確にしておきたかっただけの話で、別に親を悪くいうことが目的ではありません。親も若かったわけですし、子育てがうまくいかなかったとしても、それを責めることはできないのですから。

事故で怪我をして20日間意識不明

さてさて、話を戻しましょう。そんなわけで、**「親からはいつも否定されているのだけれど、でも実は大切にはされているらしい……」**という、子どもからするとなんだか理解しづらい環境で育ったわけです。

そのため、もしもそのまま育っていたとしたら、僕は「普通のアダルトチルドレン」（なんて、おかしな表現ですが）という場所に着地するだけだったのかもしれません。

ところが皮肉なことにそうはならず、それ以上のお土産がついてきました。小学4年生になったばかりのころ、自転車事故に遭って生死の境をさまようことになったのです。

4月最後の、日曜夕方のことでした。通っていた剣道場に2歳年下の弟が忘れ物をしたため、僕が同行したのです。

問題はその手段。僕が自転車を漕ぎ、2人乗りで向かったのですが、道中の下り坂でブレーキが効かなくなったという、安いドラマのような展開。

そうなると、後ろにいる弟のことも気になります。そのためバランスを崩してしまい、勢いよく転倒。アスファルトに頭を直撃し、20日間も意識不明の状態に陥ってしまったのでした。

20日間といえば3週間です。それだけ意識が戻らなかったとすれば、ほとんど死んだようなもの。最終的には助かったわけですが、両親は医師から、「99%、命の保証はできません」と告げられていたそうです。

しかし、現実的につらかったのは、事故直後よりも社会復帰してからのことでした。頭を打って死にかけたというトピックのインパクトはあまりにも大きく、数か月後に戻った学校、あるいは近所の人たちから、**「頭を打ったんだから壊れちゃったんじゃないの？」**というような視線を浴びることになったわけです。

露骨に好奇の目を向けてくる人や、心ない言葉をかけてくる人も少なくありませんでした。

が、それは仕方がないことだとも感じていました。なぜなら、もし自分ではなく他の誰かが同じ目に遭ったとしたら、僕もその子のことを奇異な目で見るかもしれないと思ったから。人間って、そんなものだろうな――。子どもでも、そのくらいのことは考えられるものです。

ただ、そうはいってもやはり10歳。そうした視線に耐え続けるには人生経験が浅すぎましたから、精神的には決して楽ではありませんでした。

だからその時期に、「奇異な目で見る人」と「変わりなく接してくれる人」とを比較しながら、「人間には信用できる人と、そうでない人がいる」という価値観が育っていきました。早い話が、**どんどん屈折していった**わけですね。

ある日突然、住む場所がなくなる

その後、中学、高校と進むにつれ、状況はなにも変化していないものの、少しずつ気分は落ち着いてきました。時間の経過が、ある種の安定感をもたらしてくれたのです。

ところが、そう思ったのもつかの間。17歳の秋、我が家にまたトラブルが起きることになります。祖母のタバコの火の不始末が原因で家が火事になってしまったのです。僕の部屋は火元になった祖母の部屋の隣でしたから、アルバイトをして集めたレコードやギター、子どものころの写真なども、すべてなくなりました。

やっと落ち着いてきたと思ったのに、またしても……という行き場のない絶望感。ミステリー作家のディーン・R・クーンツは『ベストセラー小説の書き方』というエッセイのなかで、「主人公をとことん追い込め」と書いていますが、まさに、無理やり主人公にさせられてしまったような気分でした。そんなものになりたくないのに。

東日本大震災のとき、被災者の気持ちが少しだけわかるような気がしたのは、あのときの経験があったからです。**昨日まで住んでいた家が消え、住む場所がなくなるというのは、精神的に決して楽ではありませんでした。**

怪我のゴタゴタから少しずつ解放されつつあるなと思ったら、予想外の落とし穴が待っていたわけです。

「ひょっとして、あいつに嫉妬してるだけなんじゃないのか？」

幸せは続くはずがないもの？

そんな状態でしたから、小学生時代から青年期にかけての僕は、「幸せは続くものではない」と本気で思っていました。

なにしろ一定の周期でなにかが起こるような感じだったので、「穏やかな時期が数年続けば、その後には必ず大きなトラブルがあるものなのだ」と確信していたのです。

将来の夢もありませんでした。

いや、厳密にいえば、以前はあったのです。父親がやっていた編集者という仕事に興味を持っていたのですが、怪我をした時点で、その夢は捨てなければならないだろうなと感じました。**「頭を打って終わった子」**と思われている自分に、どう考えてもそんなことができるはずはないと感じたからです。

その後は、ただ流されているだけのような状態でした。高校卒業後、一浪して滑り止めの大学に受かりましたが、その大学に行きたかったわけでもなく、そもそも大学に行く意味が見出せなかったので、行かずに働こうと考えていました。

ところが、合格発表を見て帰宅したとき、心は揺れ動きました。

その日、ひとりで家にいた父は、僕から合格を告げられると「そうか」とだけ口にして眼鏡を外し、目尻を指で拭いました。

「大怪我で死にかけた息子が、大学に合格した」ことが心に響いたのだろうということは、すぐにわかりました。

しかし、その小さな出来事は、僕にとって重たすぎました。だからその瞬間、「大学に行かなければ親に悪いな」という、どうにも中途半端な使命感が生まれてしまったのです。

現実問題として、そんな状態でまともな学生生活が送れるはずもありません。そればかりか同じころ、僕のなかではイラストレーションを描きたいという思いがどんどん強くなっていました。

そこで考えた結果、親に頭を下げて大学は中退し、アルバイトをしながら美術短大の通信教育部に席を置くことにしたのです。

自分で勝手に決めたことなので、「学費は自分で払うから」と大見得を切ったものの、現実はそれほど甘くありませんでした。幸いにもプロのイラストレーターとしてお金をもらえるようになったのですが、それでも**経済的にはカツカツの状態**。

結局は学費が払えなくなり、勉強は続けたかったけれど中退するしか道がなくなってしまったのです。ですから僕は、大学を2度中退したことになります。

ちなみに「基礎が身についてない」というコンプレックスに勝てず、一度はうまくいきかけたイラストレーターとしての道も閉ざされることになりました。**挫折です。**

以後はグラフィックデザインの仕事をするようになり、同時に広告のコピーも書きはじめ、最終的には「書く仕事」に落ち着いたというのが、僕のたどってきた道のりです（だいぶ端折ってますが）。

自分のバカさ加減を痛感

当時の僕は、基本的に8割くらいの人間に不信感を抱き、一方的に反感を抱いていたように思います。自分に自信が持てなかったので、その反動で**目の前に出てくる人の大半を「敵」であるように感じていた**のでしょう。

感覚的に、「この人は敵ではない」と感じた人には惜しげもなく敬意を示すけれども、それ以外の人は排除していたような感じ。拠りどころになっているのは主観だけで、自分の身を守るため無駄に気を張っていたのです。

その後、僕は、当時の潮流だったパンク／ニュー・ウェイヴ系の音楽に強い、先端的なレンタルレコード店で働いていました。

そこは、利用客から「店内に入るとパンクスの店員さんに睨まれる」ことで知られていたお店でしたが、自分が働く側にまわると、今度は僕がお客さんを睨みつけるようになりました。

誰かに話しかけられても笑顔ひとつ見せず、必要最低限の返事しかしないという、なんだかもう最悪の人としかいいようのない感じだったのです。

殻をつくって目の前の相手を否定すれば、自我を守れたような気にはなれるのです。しかし、あくまでそれは一時的なものであり、しかも単なる「気分」。心のどこかでは虚しさを感じていたはずで、決して心地よい状態ではありませんでした。

そんななか、ある小さな出来事が僕にインパクトを与えてくれました。そのお店に雇われた大学生のアルバイトに、大切なことを教わった気がしたのです。

その大学生は、イケメンだけれどチャラい男でした。当時の僕が、いちばん嫌っていたタイプです。

たとえば、女の子がレコードを借りにきたら、笑顔で「かわいい子にはこれをオススメ！」といいながら自分が好きなレコードをすすめてみたり。そのスタンスは「否定」が基本だったパンク／ニュー・ウェイヴ・ムーヴメントと対極にあるものでした。

「そのチャラさはなんなんだよ？」

視野の狭い状態にあった僕からすれば、その軽さがことごとく不快でした。だから一緒に店にいるときに彼がそういうアプローチをすると、僕は自分には関係ないような素振りをしていました。

でも、あるとき気づいたのです。**「ひょっとして俺、あいつの軽さが嫌いというより、あいつに嫉妬してるだけなんじゃないのか？」**と。

たしかに軽いかもしれないけれど、そういうアプローチをされて不快感を表わすお客さんはいませんでした。むしろ彼のサービスを楽しんでいるようにすら見えました。

彼自身も、どことなく楽しそうに見えました。もちろん内部には彼なりの苦悩や葛藤などを隠していたのかもしれませんが、少なくとも無理がなさそうだったのです。

僕はどうでしょう？　そもそも大きくいびつなコンプレックスを抱え込んだままの状態で、それをどうすることもできない。でも、そこには触れてほしくないものだから自分の殻に閉じこもり、偏った主観だけで相手を「敵か味方か」と判断する。そして、価値観を共有できない人間は徹底的に排除する……。

店員がそんな調子だったら、お客さんが寄りつかなくても不思議ではありません。

すべてのマイナス要素を受け入れる

どちらの生き方が魅力的？

当時の僕は、レンタルレコード店と掛け持ちで、日本橋のC社というおカタい会社の総務でもアルバイトをしていました。髪の毛を立てていきり立っている若造をよく雇ってくれたものだと思えてなりませんが、その職場でも感じるものがありました。

総務は、30代後半くらいの主任と、平社員のTさん、そして女子社員という小さな所帯でした。

僕の直接の担当だった**Tさん**は、とてもいい方で、とにかく真面目でした。仕事中はいつも、デスクに向かったまま真剣な表情をし続けています。**人の3倍は仕事をしているような印象**があったのですが、真面目すぎて、ちょっとつらそうにも見えました。

一方、いかにも女性にモテそうなイケメンの**主任**は、性格も朗らか。常に冗談をいって職場に笑いを提供しているムードメーカー。しかも、いつ仕事をしているのかわからず、**長期休暇をとってスキーに出かけたりもするのに、きちんと結果を出している**のです。もちろん、僕のようなガキにも分け隔てなく接してくれました。

ふたりにはそれぞれ、別のやり方、考え方があっただけの話だと思います。だから優劣をつけるような問題ではないのですが、あるとき、真剣な表情で仕事に熱中しているTさんを横目で見ながら、ふと思ったのです。「主任とTさんでは、どちらの生き方が楽だろう？」と。

それぞれに意味があることは間違いないので、まったく失礼な話です。しかし僕の目には、主任の生き方のほうが心地よさそうに見えました。一方、**少しつらそうなTさんを見ていると、「むしろ自分はTさんに近いかもな」という気もした**のです。

結局、それからしばらくしてその会社のバイトは辞め、レンタルレコード店だけで働くことにしました。C社に自分のような人間がいること自体が失礼な気がしたし、自分のような中途半端な人間には合わない職場だと思ったからです。

主任とTさん、それからレンタルレコード店のバイトくんが僕に大きな変化をもたらしました。簡単な話です。**よろいを着続けるのがバカバカしくなったのです。**

そこで、ある日を境に髪型も服装も普通に戻し、しかめっ面を笑顔にし、無言の接客を声がけスタイルに変えてみました。

正直なところ、「急にスタイルを180度変えたりしたら変に思われるのではないだろうか?」というような漠然とした不安もありました。

が、そんなのは単なる自意識過剰でしかありません。その証拠に、こちらから扉を開いた結果、そこに入ってきてくれる人たちが急増したのです。

「前は話しかけにくい雰囲気だから、僕のことなんか相手にしてもらえないんだろうなと思ってました」

あるとき、仲よくなった常連の1人からそういわれたときは、とても申し訳なく感じました。そして、もう二度とそんな思いをさせまいと反省しました。果たしてそれ以降の自分が完璧だったかどうかはわかりませんが、どんどん人が集まってくるようになったことだけは事実です。

店頭に僕の自転車が停めてあるのを見て、「別に借りたいものはないんだけど、自転車があったから」と入ってきてくれる人がいたり、「印南さんの推薦文がついてるレコードしか借りない」と宣言してくれる人がいたり（そのころから好きなレコードに自分が考えた推薦文を貼りつけはじめたのですが、それはのちの音楽ライターとしての活動の原点でもあります）。

本当にどこにでもあるような小さな体験だと思います。10代後半から20代前半あたりの時期には、誰しもが通るような道なんだろうなとも思います。

けれど、そうして心を開いたこと、すなわちコミュ障の扉を開いたことが、その後の僕の人生を大きく変えたことだけは絶対的な事実なのです。

だからこそ、コミュ障をなんとかしたいと感じている方にはお伝えしたいことがあります。「こんな不器用で中途半端なやつでもなんとかなったのだから、きっとうまくいきますよ」と。

それから、もうひとつだけ書かせてください。僕が本書で強調したいコンセプトについてです。それは「受け入れる」ということ。

よくないことも、受け入れる。
悲しいことも、受け入れる。
「できない」という事実も受け入れる。
恥ずかしいことも受け入れる。
かっこ悪いことも受け入れる。
すべてのマイナス要素を受け入れる。

人生のどこかで起こるかもしれないトラブルを含め、**あらゆることを受け入れて初めて、そこに可能性が生まれる**と考えているのです。そしてこじつけではなく、結果的にはそれがコミュ障克服にも効果をもたらすはずなのです。

こんな一面もあったのか
自分を客観的に見つめて
これも自分だな
コンプレックス
かっこ悪さ
悲しみ
よくないことも受け入れたら
もっと前に進めるよ

おわりに

「コミュ障脱却ゲーム」をはじめよう！

「えっ、でも印南さん、全然コミュ障じゃないじゃないですか！」

コミュ障脱却についての本を書いてるんだと伝えたとき、友人からこんなリアクションが返ってきました。

それは十分に予測できることでもありました。なぜなら彼の目に映っているであろう僕は、ゲラゲラ笑いながらベラベラよく喋り、いわばコミュ障的な要素がまったくないはずだからです。

でも、苦手な相手が目の前にいたら、僕は同じような素振りを見せることはできないと思います。**「早くこの時間が終わってくれないかな」**と考えながら、自分の意見を口にせず、ただ聞き役に徹していることでしょう。

重度のコミュ障だと自覚している人のなかにも、多少なりとも気のおけない仲間がいるかもしれません。そして、そんな仲間と話すときは、苦手な上司などと話すときよりも気楽に想いを表現できているのではないでしょうか？

つまり、コミュ障とは「その程度の相対的なもの」なのです。

「コミュ障だからダメ」なのではなく、大切なのは「コミュ障な側面がある現在の自分から、どこまで進んでいけるか」ということ。

そこに「これだけ進まなくてはいけない」というような尺度はありませんし、あくまで自分のなかでの問題。「考えてみると、先月よりも気持ちが少しだけ楽になっているかもしれないな」とか、

そういう変化を多少なりとも実感できれば、それは大きな一歩を進めていることの証明にもなるのです。そしてそんなプロセスを重ねていくことが、**〝自分にとってのコミュ障脱却のあり方〟**なのです。

だからこそ、お願いがあります。ぜひとも、コミュ障である現在のご自分を受け入れ、そして「楽しんで」しまってください。

いってみれば、**「コミュ障脱却ゲーム」**のようなもの。

悲観的にならず、「我ながら、本当にコミュ障だよな〜。笑っちゃうな〜」というような気持ちでいれば、そんな自分を受け入れ、前向きに考えることができるはずだからです。

そして、**1年後、また本書のページを開いてみてください**。その結果、いろんなことに悩んでいた1年前の自分の姿を思い出すことができるでしょう。いうまでもなく、それはコミュ障から脱却できたことの証でもあります。

最後に、本書を執筆するにあたって、大きくサポートしてくれた日本実業出版社編集部の佐藤美玲さんに感謝します。

2017年12月

印南敦史

印南敦史（いんなみ　あつし）
作家、書評家、編集者。株式会社アンビエンス代表取締役。
1962年東京生まれ。広告代理店勤務時代に音楽ライターとなり、音楽雑誌の編集長を経て独立。
「１ページ５分」の超・遅読家だったにもかかわらず、ビジネスパーソンに人気のウェブ媒体「LifeHacker［日本版］」で書評欄を担当することになって以来、大量の本をすばやく読む方法を発見。その後、ほかのウェブサイト「NewsWeek日本版」「WANI BOOKOUT」などでも書評欄を担当することになり、年間700冊以上という驚異的な読書量を誇る。著書に『遅読家のための読書術』（ダイヤモンド社）、『プロ書評家が教える 伝わる文章を書く技術』（KADOKAWA）ほか多数。

人《ひと》と会《あ》っても疲《つか》れない
コミュ障《しょう》のための聴《き》き方《かた》・話《はな》し方《かた》

2018年１月１日　初版発行

著　者　印南敦史 ©A.Innami 2018
発行者　吉田啓二

発行所　株式会社日本実業出版社　東京都新宿区市谷本村町３-29 〒162-0845
大阪市北区西天満６－８－１ 〒530-0047
編集部　☎03-3268-5651
営業部　☎03-3268-5161　振　替　00170－1－25349
http://www.njg.co.jp/

印刷／壮光舎　製本／若林製本

この本の内容についてのお問合せは、書面かFAX（03－3268－0832）にてお願い致します。
落丁・乱丁本は、送料小社負担にて、お取り替え致します。

ISBN 978-4-534-05554-5 Printed in JAPAN